Karrierebeschleunigung mit LinkedIn

Michael Rajiv Shah

Karrierebeschleunigung mit LinkedIn

STARK

ISBN 978-3-86668-972-5

© 2015 by Stark Verlagsgesellschaft mbH & Co. KG
1. Auflage 2014

www.berufundkarriere.de

Das Werk und alle seine Bestandteile sind urheberrechtlich geschützt.
Jede vollständige oder teilweise Vervielfältigung, Verbreitung und Veröffentlichung bedarf der ausdrücklichen Genehmigung des Verlages.

Die Informationen in diesem Produkt werden ohne Rücksicht auf einen eventuellen Patentschutz veröffentlicht. Warennamen werden ohne Gewährleistung der freien Verwendbarkeit benutzt. Bei der Zusammenstellung von Texten und Abbildungen wurde mit größter Sorgfalt vorgegangen. Trotzdem können Fehler nicht vollständig ausgeschlossen werden. Verlag und Autor können für fehlerhafte Angaben und deren Folgen weder eine juristische Verantwortung noch irgendeine Haftung übernehmen. Für Verbesserungsvorschläge und Hinweise auf Fehler sind Verlag und Autor dankbar.

Fast alle Hard- und Softwarebezeichnungen und weitere Stichworte und sonstige Angaben, die in diesem Buch verwendet werden, sind als eingetragene Marken geschützt. Da es nicht möglich ist, in allen Fällen zeitnah zu ermitteln, ob ein Markenschutz besteht, wird das ®Symbol in diesem Buch nicht verwendet.

Inhaltsverzeichnis

Soll ich oder soll ich nicht? ... 9

1 Vom Netzwerk zum Business- und Karrieregenerator ... 17
   1.1 Vom Wohnzimmernetzwerk zum US-Marktführer ... 18
   1.2 Vom Marktführer zum weltweiten Leadership-Netzwerk ... 21
   1.3 Warum Karrieregenerator? ... 24

2 Den Netzwerk-Raum verstehen ... 27
   2.1 Die Kontaktnetzwerke ... 29
      2.1.1 XING – das Business-Netzwerk für D-A-CH ... 29
      2.1.2 Was unterscheidet das weltweite LinkedIn-Business-Netzwerk von XING? ... 31
      2.1.3 Was haben die Netzwerke gemeinsam bzw. wie schneiden sie in einer direkten Gegenüberstellung ab? ... 32
   2.2 Die Follownetzwerke ... 37
      2.2.1 Twitter – das Echtzeitnetzwerk ... 38
      2.2.2 Google+ – das zentrale Nervensystem der Suchmaschine ... 38
      2.2.3 Pinterest – das Bildernetzwerk ... 40

Inhaltsverzeichnis

2.3 XING – das Netzwerk auch für eiskalte Kontakte 41

2.4 LinkedIn – das Netzwerk für halbwarme Kontakte und bezahlte Kontaktanbahnung 42

2.5 Stellen Sie sich jedes Netzwerk wie ein eigenes Land vor 45

3 Ihr persönlicher Erfolgsraum auf LinkedIn ... 47

3.1 Das Unternehmens- und das Webprofil 50

3.2 Das persönliche LinkedIn-Profil 58

    3.2.1 Die LinkedIn-Zusammenfassung (Summary – About Me) 60

    3.2.2 Das Portfolio und dessen Anhänge 63

    3.2.3 Das Profilbild auf LinkedIn 67

    3.2.4 Profilslogan oder Unternehmensposition? 69

    3.2.5 Die konfigurierbaren Abschnitte im LinkedIn-Profil 70

    3.2.6 Vernetzungen mit Berufserfahrungen ... 74

    3.2.7 Das Tor zur Welt des Internets mit Profileinstellungen regulieren 77

    3.2.8 Die Privatsphäreneinstellungen insgesamt 79

3.3 Wie finde ich Kontakte? 86

    3.3.1 Das Adressbuch (Kontakt-Beziehungs-Management) 87

    3.3.2 Der Kontaktaufbau 93

Inhaltsverzeichnis

	3.4	Die Aktionsfläche nutzen, um Unterstützung zu liefern	103
		3.4.1 Die Startseite mit Updates (Nachrichtenstream)	106
		3.4.2 LinkedIn-Gruppen – (Social-Network-)Theater zum Zuschauen, Mitmachen und zum Qualifizieren von Kontakten	111
		3.4.3 Unternehmensprofile und deren Wert für Ihre Karriere	120
	3.5	Empfehlungen sind das halbe Leben	125
		3.5.1 Endorsements (Bestätigungen von Fähigkeiten)	128
		3.5.2 Empfehlungen (Recommendations)	130
	3.6	Und wie komme ich jetzt mit LinkedIn zum Job?	133
4		Ist der Weg das Ziel, oder was ist eine Strategie?	141
	4.1	„Get what you want" heißt auch zu wissen, was Sie wollen	142
	4.2	Strategie auf die einzelnen Bereiche heruntergebrochen	148
	4.3	LinkedIn als Recherchewerkzeug	151
		4.3.1 Die Personen finden, die Sie in Zukunft unterstützen könnten	154
		4.3.2 Arbeitsstellen finden, die zu Ihrem Zukunftsweg passen	157
		4.3.3 Recherche nach und in Unternehmen	160

Inhaltsverzeichnis

	4.3.4	Recherche im „Mitmachtheater"	160
	4.3.5	Durchsuchen Ihres Postfachs	161
4.4	Mobile Revolution im Business-Netzwerk		163
4.5	Akquisition von Kontakten mit LinkedIn		167

5 Systematisch Fachleute fragen ... 171

Stichwortverzeichnis ... 195

Soll ich oder soll ich nicht?

... ist die einzig logische Frage beim ersten Aufschlagen eines jeden Buchs. Diese möchte ich gerne auf den ersten Seiten für Sie klären. Ganz gleich, ob der Preis so bestechend ist, dass Sie bei nur leisem Interesse an LinkedIn schwer an diesem Buch vorbeigehen können, brauchen Sie wahrscheinlich weitere Entscheidungsgrundlagen. „Karrierebeschleunigung mit LinkedIn" ist anders als Isabella Maders und mein „XING und LinkedIn"-Erstlingswerk, welches für kleinere und mittlere Unternehmer und Unternehmen geschrieben wurde, für Personen, insbesondere Arbeitnehmer, gedacht. Sie halten ein „Employee-Branding"-Buch in der Hand, welches Sie in den notwendigen Schritten zur Bildung Ihrer „Personenmarke" für Ihre Karriere unterstützt. Es ist dennoch auch für freiberuflich Tätige erfolgversprechend. Was ich Ihnen noch versprechen kann, ist dass Sie trotz vermutet trockener Materie eines Internet-Werkzeug-do-it-yourself-Buchs bis zum Ende des Buches von meinen Worten so geführt werden, dass Sie mindestens sagen werden: „Ja, das war angenehm zu lesen."

Soll ich oder soll ich nicht?

Stimmen zu meinem Buch *Twitter für Einsteiger* aus dieser Reihe:

Ich habe das Buch an einem Abend verschlungen, weil es unheimlich interessant geschrieben ist und sehr hilfreiche Tipps bietet.

Laut Mark Twain ist der Unterschied zwischen einem richtigen und einem fast richtigen Wort dem zwischen einem Glühwürmchen und einem Blitzeinschlag vergleichbar. Dieses Buch ist der Blitzeinschlag.

Liest sich manchmal wie ein Kochbuch und deswegen ganz besonders für Einsteiger geeignet.

Für ein schnelles Medium ein schnell verständliches Buch.

Das Buch zu lesen ist eine Freude.

Wenn einer oder mehrere der folgenden Punkte auf Sie zutreffen, dann dürfte das Buch passen:

1. Sie sind Student, Young Professional, Arbeitnehmer, Freiberufler und suchen Alternativen zu klassischen Onlinejobportalen.
2. Sie möchten wissen, wie Sie langfristig durch direkte Kontakte ohne Umwege an die beruflichen Positionen kommen, die Sie sich wünschen.
3. Sie sind XING-Mitglied und möchten sich im weit stärker wachsenden LinkedIn-Netzwerk positionieren und suchen Anhaltspunkte dafür.

4. Sie sind auf Großunternehmen mit internationalem Umfeld ausgerichtet oder sehen es als Chance für sich, dass LinkedIn derzeit in D-A-CH noch 40 % kleiner ist als XING.
5. Sie möchten Ihre Karriere oder Ihr Business-Netzwerk systematisch Schritt für Schritt aufbauen und dazu eine Strategie entwickeln.
6. Sie sind schon LinkedIn-Mitglied und möchten sich nun endlich mal die Zeit nehmen, ihre Netzwerkaktivitäten so in die Hand zu nehmen, dass sie etwas bringen.
7. Sie sind daran interessiert, sich mit dem Aufbau Ihrer Personenmarke zu beschäftigen.

Es lassen sich noch viele weitere Grundannahmen treffen, warum das Buch einen Kauf wert ist, doch diese sieben Annahmen sind die wesentlichen Motive, die Sie definitiv mit diesem Buch befriedigen können.

Über mich und Social Media

Bei mir ist es jetzt acht Jahre her, dass ich in das Neuland, wie die deutsche Bundeskanzlerin Merkel den „Raum" des Internets nennt *(http://bit.ly/Neuland-Merkel)*, eingetaucht bin. Ich hätte mir niemals vorstellen können, wie viel Neues sich für mein berufliches und persönliches Leben daraus entwickeln würde. Es begann 2005 auf einer Plattform, die man heute gar nicht mehr als Social Media bezeichnen würde. Ich lernte meine Frau in einem anonymen Indien-Forum kennen. Ob Sie es glauben oder nicht: Wir verliebten uns, ohne ein Bild vom anderen zu haben, durch eine virtuelle „Brieffreundschaft" und verwende-

Soll ich oder soll ich nicht?

ten bis zu unserem Zusammenleben (ich komme ursprünglich aus Düsseldorf) das soziale Netzwerk XING (ehemals openBC) dazu, unsere Kommunikation über 1.000 Kilometer hinweg aufrechtzuerhalten und ein gemeinsames Netzwerk in meiner neuen Heimat Wien aufzubauen. Hätte ich mich nicht neugierig und beinahe zufällig für eine bestimmte Antwort meiner Frau interessiert, wäre ich weder Vater (persönlich) noch Social Media Network Coach und Berater (beruflich) geworden. Außerdem würden Sie dieses dritte Buch nicht in den Händen halten können.

Mein Haupttipp

Social Media (auch LinkedIn) gibt Neuem die Möglichkeit, real zu werden. Diese für mich und meine Arbeit essenzielle Erfahrung gebe ich gern in einem kurzen Satz wieder: „Die ganze Kunst des Social Networkings besteht darin, virtuellen Werkzeugen die Kraft realen Lebens einzuhauchen."

Zur Handhabung des Buches

Je nachdem wie Ihr Lese- und Arbeitsstil ist, können Sie das Buch an unterschiedlichen Stellen beginnen. Es dient durchaus als komplettes Nachschlagewerk. Wie schon in meinen vorhergehenden Büchern finden Sie am Ende der Kapitel eine Kurzzusammenfassung, „Ihre Take-aways", die die wichtigsten Punkte noch einmal herausarbeiten.

Linkliste

Über das ganze Buch verteilt finden Sie eine Vielzahl von Links. Für diejenigen unter Ihnen, die das Buch in Papierform in den Händen halten, gibt es unter folgendem Link noch einmal alle Links des Buches. So ist auch für Sie das parallele Onlinelesen weiterführender Informationen möglich, ohne alles abtippen zu müssen: *http://bit.ly/LinkedIn-Mini-Linksammlung*.

Arbeitsunterlagen

Am besten ist es, wenn Sie sich ein Arbeitsheft, eine Kladde oder Blätter für das Projekt LinkedIn neben das Buch legen, um sich Ideen und To-dos aufschreiben zu können. Denn es werden hoffentlich einige werden.

Aufbau des Buchs

Die Struktur ist sehr flach gehalten. Das Kapitel zur Geschichte „Vom Netzwerk zum Business- und Karrieregenerator" empfehle ich vor allem, um ein Gefühl für das Unternehmen LinkedIn, den Unternehmergeist und den „Unternehmens-Raum" zu bekommen. Die sozialen Netzwerkräume auch anderer Plattformen in wesentlichen Grundzügen von LinkedIn abzugrenzen und nebenher ein Grundverständnis für Social Media zu vermitteln, ist das Ziel des zweiten Kapitels. Das dritte Kapitel gibt Ihnen die Möglichkeit, die Komplexität der Plattform auf fünf unterschiedliche Handlungsbereiche zu komprimieren und gibt konkrete Tipps, wie Sie in diesen Bereichen agieren können, um LinkedIn effektiv zu nutzen. In „Ist der Weg das Ziel, oder was ist eine Strategie?" finden Sie Ihre individuelle

Soll ich oder soll ich nicht?

Strategie, mit der Sie die dort beschriebenen Toolboxes bedienen. Zum Schluss machen Karriere- und Human-Resources-Spezialisten wett, was mir als fast ewig Selbstständigem fehlt.

Employee Branding – Die Philosophie des Buches

Als Vertriebsmensch und zufälliger Social-Business-Spezialist wäre es verwegen, Ihnen den Karrieretypen vorzumachen. Womit ich seit 2007 professionell Erfahrung gesammelt habe, ist das Businessprofiling von Freiberuflern, Unternehmern und in der Folge auch Unternehmen. Ich persönlich sehe den Unterschied zwischen Angestellten und Freiberuflern vor allem in einer anderen Form der vertraglichen Gestaltung (Arbeitsvertrag vs. Werksvertrag).

Im Grunde genommen sind Sie als Angestellter auch Einzelunternehmer, da Sie Ihre ganz spezielle Arbeitskraft anbieten und vermarkten. Der Erfolg Ihrer Karriere besteht nicht nur in Ihrem Können, sondern auch darin, sich mit den richtigen persönlichen Eigenschaften für die richtige Arbeitsstelle zu positionieren. Je besser Sie sich positionieren und Ihre ganz individuellen Eigenschaften „vermarkten", desto wertvoller können Sie für potenzielle Arbeitgeber sein.

Mit diesem Buch erhalten Sie das grundsätzliche Werkzeug, um sich mithilfe von LinkedIn als Personenmarke zu entwickeln.

Soll ich oder soll ich nicht?

The Speed of Change – Die technische Halbwertszeit ist sehr kurz

An mehreren Stellen im Buch werde ich Sie auf die Geschwindigkeit der Veränderungen hinweisen, die es sinnlos machen, Ihnen Erklärungen wie „Klicken Sie hier, dann da, dann dort" zu geben. Bei LinkedIn kommt gegenüber XING eine Besonderheit hinzu: Auf der Plattform laufen parallel gleichzeitig mehrere Tausend Tests unterschiedlicher Softwarevarianten, sodass es sein kann, dass Sie Details (zur gleichen Zeit) anders an Ihrem Bildschirm sehen als ich. Alleine deswegen ist die technische Detailbeschreibung (Klick hier, dann dort, usw.) nicht Inhalt dieses Buches.

Das Jeder-kennt-jeden-Gesetz

In den 1960er-Jahren bewies der Sozialpsychologe Stanley Milgram, dass die Welt nur ein Dorf ist und zwei beliebige Menschen um durchschnittlich rund sechs Ecken eine Verbindung zueinander haben. Dies ist das zentrale Instrument von LinkedIn, denn LinkedIn geht davon aus, dass die besten Jobs und Kontakte durch bereits bestehende und deren Kontakte entstehen.

Sie sind schon LinkedIn-Mitglied, dann machen Sie doch gleich einen Test. Wenn Sie meinen Profillink *http://bit.ly/MiSha-at-LinkedIn* eingeben, sehen Sie rechts außen, über wen wir direkt oder über welchen zweiten Grad wir miteinander verbunden sind.

Soll ich oder soll ich nicht?

> **Achtung**
>
> Wenn Sie sich auf Social Media einlassen, dann bedenken Sie: Sicher ist nur, dass nichts dauerhaft sicher ist! Auf die Entwicklung von Social-Media-Plattformen haben wir als Nutzer nur in äußerst seltenen Fällen Einfluss.
>
> Das heißt, der einzige Ort, an dem Sie eine relativ hohe Kontroll- und Steuermöglichkeit haben, ist Ihre eigene Webpräsenz oder Ihr Blog (siehe „Personal Branding für Fortgeschrittene" unter *http://bit.ly/Personal-Branding-fuer-Fortgeschrittene-Buchleser*). Unter Berücksichtigung dieser Planungssicherheit sollten Sie für eine langfristige Strategie über Ressourcen dieser Art nachdenken.

In diesem Sinne freue ich mich schon jetzt darüber, dass Ihnen dieses Buch weiterhelfen wird. Über Ihr Feedback im *http://bit.ly/LinkedIn_Unternehmensprofil* oder auf *Twitter bei http://bit.ly/LinkedInfinder* freu ich mich sehr. Antwort garantiert ;-)

Ihr

Michael Rajiv Shah

Experte für messbare Wirkung im Social Web

Zum Abschluss noch meinen herzlichsten Dank an @_shamani. Sandra Schink ist die Fotografin meiner aktuellen Profilfotos. *www.shamani.de*

1

Vom Netzwerk zum Business- und Karrieregenerator

Netzwerke kennen wir alle viele. Das erste, dem Sie „beitraten", war Ihre Familie, später kamen Kindergarten, Schule, Sportvereine und evtl. das Netzwerk Ihrer Studien-Kommilitonen hinzu. Ich brauche Ihnen sicherlich nicht zu sagen, dass es für die meisten von uns unmöglich ist, Hunderte dieser Netzwerkkontakte dauerhaft zu pflegen. Seit 10 Jahren gibt es Business-Netzwerke wie LinkedIn und XING, die wie sich selbst aktualisierende Adressbücher Ihre Netzwerke zusammenhalten können. Das alleine ist schon eine revolutionäre Errungenschaft des Internets. Aber stellen Sie sich vor, Ihr reales „Visitenkarten-Netzwerk" vergangener Tage würde die Kraft entfalten, die bisher nur über echte Beziehungen im „Reallife" entstehen konnten ...

1 ❖ Vom Netzwerk zum Business- und Karrieregenerator

1.1 Vom Wohnzimmernetzwerk zum US-Marktführer

Schon in *Twitter für Einsteiger*, das auch in dieser Buchreihe erschienen ist, war es mir wichtig, dass Sie als Leser die Geschichte und Gründungsidee (Unternehmens-DNA) kennen, denn sie sagt viel über die Kraft aus, die Sie für sich nutzbar machen können, um LinkedIn zum Generator künftiger beruflicher Erfolge zu machen. Aus meinen eigenen Erfahrungen als langjähriger XING-Trainer braucht es für uns Deutschsprachige gerade bei LinkedIn ein Gefühl für die Hintergründe, um LinkedIn gewinnbringend nutzen zu können.

Hinweis

LinkedIn wurde fast zur gleichen Zeit (Mai 2003) gegründet wie das deutsche Pendant XING (ehemals openBC, November 2003). Beide Netzwerke waren inspiriert von *ryze.com*, welches heute in der Bedeutungslosigkeit verschwunden ist.

Wir schreiben das Jahr 2002. Fünf ehemalige Kollegen zweier Internetpioniere (u. a. Mitarbeiter von Pay Pal) hatten die Idee, Empfehlungen, die bekanntlich der wichtigste Motor für beruflichen Erfolg sind, zur Basis eines Businessnetzwerks zu machen. Kontakte zweiten Grades (Kontakte der Kontakte) bis dritten Grades (Kontakte der Kontakte der Kontakte) und Informationen über berufliche Hintergründe sollten die Grundlage zukünftiger Erfolge der Nutzer sein.

1.1 Vom Wohnzimmernetzwerk zum US-Marktführer

Ein weltweites Empfehlungsnetzwerk, wie mir einer der Mitgründer, der Deutsche Konstantin Guericke, in einem Telefonat vor 3 Jahren mitteilte, war die erste Vision des Initiators Reid Hoffman.

Sieben einfache Funktionen waren der Anfang:

1. Add a user to the network
   (Nutzer der Plattform hinzufügen)
2. Authenticate a user
   (Nutzer authentifizieren)
3. Request a contact
   (Kontaktanfragen)
4. Add a user to your contact list
   (Nutzer zur Kontaktliste hinzufügen)
5. Invite someone into the network
   (Jemanden ins Netzwerk einladen)
6. Search the profiles in your extended network (against some unspecified criteria)
   (Profile aufgrund bestimmter Kriterien im erweiterten Netzwerk suchen)
7. Post an opportunity for viewing by people in your extended network
   (Angebote im erweiterten Netzwerk veröffentlichen)
   (Quelle: LinkedIn Slideshare *http://bit.ly/10-yrs-Linked-IN*)

Der eigentliche Start nach knapp einem halben Jahr begann mit einem 300$-Wettbewerb unter den Gründern, in dem es darum ging, wer die meisten Netzwerknutzer auf die Plattform bekommt.

1 ❖ Vom Netzwerk zum Business- und Karrieregenerator

Das Konzept und die Idee gingen so gut auf, dass das Wohnzimmer-Start-up nach weiteren 6 Monaten, zum Zeitpunkt, als das heutige XING gegründet wurde, bereits über den ersten Risikokapitalgeber verfügte, obwohl das damalige Netzwerk nach heutigen visuellen Gesichtspunkten schon fast hässlich zu nennen wäre. Apropos Gesichter, es dauerte bis zum immer stärkeren Wachsen von Facebook im Jahr 2007, bis die damaligen 13.000.000 LinkedIn-Mitglieder die Möglichkeit erhielten, ein Profilfoto in ihre Profile zu integrieren.

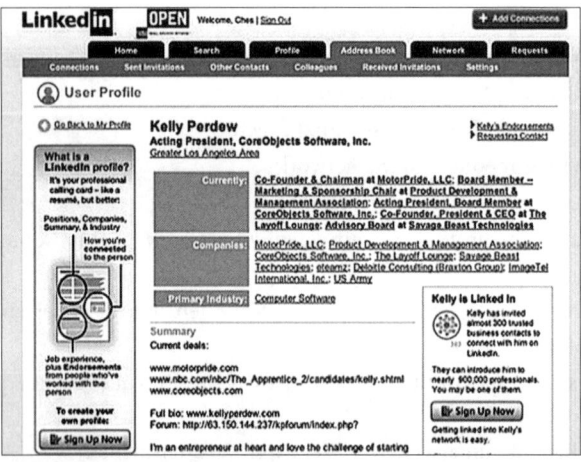

Abbildung 1.1: *LinkedIn-Profil aus dem Jahr 2003*

Der eigentliche Motor für Kommunikation und Austausch unter Gleichgesinnten, die auf LinkedIn ausschließlich berufliche Textinhalte zu sehen bekamen, waren die 2004 eingeführten Gruppen.

20

Schon im Jahr 2005 folgten als Kerngeschäftsfeld die Jobs, die beim deutschen Pendant erst kurz vor dem Börsengang 2007 auftauchten. Auch das kostenpflichtige Nachrichtensystem für Businessanfragen an Nichtkontakte wurde 2005 eingeführt.

Das Jahr 2006 brachte bei 5 Mio. Mitgliedern erstmals schwarze Zahlen. 2007 bekamen nicht nur die LinkedIn-Mitglieder ein Gesicht, sondern auch das Unternehmen einen neuen CEO, der das Unternehmen 2008 mit speziellen Recruitinglösungen auf den globalen Weg brachte.

1.2 Vom Marktführer zum weltweiten Leadership-Netzwerk

Das LinkedIn, welches wir im deutschen Sprachraum kennen, startete im Februar 2009, dem gleichen Monat, da der XING-Gründer sich aus dem aktiven Vorsitz zurückzog. Der heutige dritte LinkedIn-CEO Jeff Weiner brachte „Fokus und Klarheit in LinkedIns Mission, Werte und strategische Prioritäten." Er übernahm die Führung bei weltweiten 32 Mio. Mitgliedern *(http://bit.ly/10-yrs-Linked-IN)*.

Nur ein Jahr nachdem Facebook die Social-Web-Revolution ausgerufen und mittels Facebook Connect alle Webseiten der Welt per Schnittstelle (API) vernetzt hatte, öffnete auch LinkedIn seine Schnittstellen für Webentwickler und der Grundstein wurde gelegt für das, was LinkedIn als Economic Graph bezeichnet *(http://bit.ly/Economic-Graph-LinkedIn)*.

1 ❖ Vom Netzwerk zum Business- und Karrieregenerator

Exkurs

Mit Facebook Connect gab Facebook Webseitenbetreibern die Möglichkeit, sich z. B. durch einen Like-Button mit dem Facebook-Netzwerk zu vernetzen. Darüber hinaus konnten Webentwickler nun Applikationen programmieren, die über Datenschnittstellen (API) mit Facebook interagieren.

2010 erreichte LinkedIn 90 Mio. Nutzer und 1.000 Mitarbeiter. 2011 erzielte LinkedIn mit seinem Börsengang 12 Milliarden Dollar und überholte aus dem Stand z.B. den Unternehmenswert der Commerzbank oder der Lufthansa *(http://bit.ly/IPO-LinkedIn)*. Im August dann war es endlich auch so weit, dass ein Büro in Deutschland (München) eröffnete, welches gezielt auf die Belange der D-A-CH-Region eingeht.

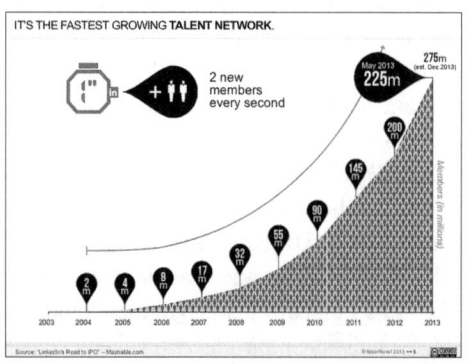

Abbildung 1.2: *Quelle: faberNovel, LinkedIn, The Serious Network, June 2013, http://fr.slideshare.net/faberNovel/a-fabernovel-study-linkedin-the-serious-network, CC-BY-NC-SA*

1.2 Vom Marktführer zum weltweiten Leadership-Netzwerk

Mit gefüllten Kassen und wachsenden Gewinnen „transformierte" LinkedIn im Folgejahr 2012 bis Spätsommer 2013 die komplette Plattform von einem „hässlichen, textlastigen Internet-Entlein" zu dem Leadership-Netzwerk, für das CEO Weiner einsteht.

Erst im September 2013 hat LinkedIn sein Eintrittsalter auf 14 Jahre reduziert und parallel Unternehmensseiten von Universitäten gelauncht, sodass vor allem der Zielgruppe der Berufseinsteiger eine ganz neue Rolle zukommt, die es so z. B. bei XING (Einstiegsalter 18 Jahre) nicht gibt.

Exkurs

Warum Leadershipnetzwerk und worin besteht der Unterschied zur schlichten wirtschaftlichen Marktführerschaft?

Marktführer unter den weltweiten Business-Netzwerken war LinkedIn schon zuvor. LinkedIn will mehr. Es will Führungskräfte des C-Levels, Start-ups, Selbstständige sowie führende Unternehmen aus aller Welt anziehen. Welche Mittel nutzt LinkedIn, um diese Position auszubauen?

1. Ein durchgängiges visuelles Erlebnis
2. Content-Lösungen (News – „LinkedIn Pulse"), die die wichtigsten Wirtschaftsmeldungen wie eine Tageszeitung offerieren →

3. „Leader" wie EU-Ratspräsident Martin Schulz, Richard Branson, Deepak Chopra, Barack Obama, Bill Gates, Tony Robbins, David Cameron usw., die für LinkedIn Beiträge veröffentlichen

4. Recruiting- und Marketing-Lösungen, die für Unternehmen den Return on Investment kalkulierbar machen

5. Kontakt- bzw. Beziehungsmanagementwerkzeuge (CRM), die LinkedIn zu einer Kommunikationszentrale über LinkedIn hinaus machen

Wenn Sie eine Stunde Zeit haben, empfehle ich folgendes Video: *http://bit.ly/LinkedIn-Speaker-Series*, welches mir ein Gefühl dafür gegeben hat, was LinkedIn unter Leaderhip versteht.

1.3 Warum Karrieregenerator?

Inoffiziellen Meldungen des LinkedInsider Bloggers Stephan Koß zufolge gelang es LinkedIn im Sommer 2013 erstmals, mehr Stellenanzeigen in der D-A-CH-Region anzubieten als das deutsche Pendant XING *(http://bit.ly/Jobs-bei-LinkedIn-XING-Juni2013)*.

1.3 Warum Karrieregenerator?

Exkurs

Der deutsche Mitgründer Konstantin Guericke lud diverse deutsche Blogger und Multiplikatoren ein, sich in unregelmäßigen Abständen zu treffen. Er nannte diese Runde LinkedInsiders. Das gleichnamige Blog *http://linkedinsiders.wordpress.com* von Stephan Koß ist seither das wichtigste Medium für Informationen und Neuerungen zu LinkedIn im deutschen Sprachraum.

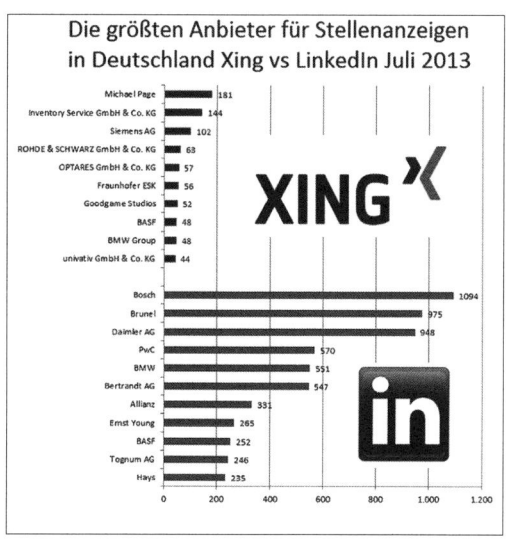

Abbildung 1.3: *Vergleich der Stellenanbieter*
Quelle: Stephan Koß auf dem Blog LinkedInsiders.wordpress.com
http://bit.ly/Jobs-bei-LinkedIn-XING-Juni2013

Aus Angaben der Mediadaten *(http://bit.ly/Mediadaten-Unternehmensgroessen-LinkedIn)* geht hervor, dass die LinkedIn-Mitglieder in Deutschland überwiegend aus Großunternehmen stammen. Zur Schweiz und zu Österreich fehlen leider Angaben. Zahlen aus dem Jahr 2012 *(http://bit.ly/LinkedIn-XING-Unternehmensgroessen-022012)* eines Analyseanbieters legen jedoch nahe, dass die Tendenz, überwiegend Mitglieder aus Unternehmen mit über 200 Mitarbeitern zu haben, zumindest in der Schweiz und Deutschland übereinstimmt. Allerdings hat LinkedIn seine Mitgliederzahlen seither verdoppelt.

Fazit

Wenn Mittelstand und Unternehmen mit internationalem Geschäftsfeld Ihre bevorzugte Karrierezukunft darstellen, sind Sie bei LinkedIn richtig. Wollen Sie Ihr Netzwerk langfristig an einem Ort aufbauen, wo Sie das komplette Berufsspektrum von Studenten bis hin zu C-Level-Führungskräften erreichen, dann kommen Sie über kurz oder lang nicht an LinkedIn vorbei.

2

Den Netzwerk-Raum verstehen

Wer ein soziales Netzwerk als Raum versteht, kann sich besser darin bewegen: Der Sales-Berater und Gründer vom BANKINGCLUB, Thorsten Hahn, verwendete eine interessante Metapher für soziale Netzwerke in seinem sehr empfehlenswerten Buch „Die 77 Irrtümer im Networking erfolgreich vermeiden".

Stellen Sie sich zwei Vasen vor. Beide füllen Sie mit kleinen Kieselsteinchen. Eine belassen Sie, wie sie ist, in der zweiten füllen Sie die Zwischenräume mit Klebstoff auf. Später dann nehmen Sie einen Hammer und zerschlagen beide Vasen. Wie werden sich die Steinchen in beiden Vasen verhalten? Richtig, die in der zweiten Vase bleiben zusammen.

Fazit: Die Räume der sozialen Netzwerke wirken wie der Klebstoff; sie sind fähig, Verbindungen herzustellen und zu halten, die mit einem normalen Adressbuch i. d. R. nicht möglich sind.

2 ❖ Den Netzwerk-Raum verstehen

Viele Menschen betrachten das Internet als virtuell. Das ist richtig, solange dies nicht als Gegenteil von real gesehen wird. Das Wort virtuell, so wie ich es verstehe, bezieht sich auf Wirksamkeit in einem nicht physischen Raum. Die sozialen Netzwerkräume, in denen wir uns bewegen können, liegen physisch auf Servern. An jedem Ende eines Netzwerkfadens sitzt ein Ich wie Sie, und die Plattformtechnologien geben uns die für uns sichtbare Raumstruktur. Es kommt nicht von ungefähr, dass man beim Aufbau einer Plattform von Architektur spricht. Je besser Sie die Unterschiede zwischen den verschiedenen Räumen (Standorte oder Netzwerkfilialen) kennen, in denen Sie Ihre virtuelle Filiale einrichten können, desto größer werden Ihre gestalterischen Möglichkeiten.

Grundsätzliches zur Unterscheidung der Netzwerkarten

1. Kontaktnetzwerke – die Basis der Kontaktnetzwerke besteht darin, dass es i. d. R. eine gegenseitige Bestätigung eines Kontaktes braucht. Hierzu zählen LinkedIn, Facebook und XING.
2. Follownetzwerke – in Follownetzwerken bedarf es lediglich einer Person (Account), die einem anderen Account folgt und dadurch Informationen aus dem Nachrichtenstream lesen kann. Der „Verfolgte" braucht dies i. d. R. nicht zu bestätigen, kann den Follower jedoch blockieren. Hierzu zählen Twitter, Google+, Instagram und Pinterest.
3. Mischformen – die Kontaktnetzwerke bieten inzwischen auch alle die Möglichkeit, Netzwerkmitgliedern zu folgen.

2.1 Die Kontaktnetzwerke

Die „Kontaktnetzwerke" grenze ich hier (bzw. was Facebook betrifft, unter *http://bit.ly/facebooks-Karriererelevanz*) sehr vereinfacht voneinander ab, da es hier nur um grundsätzliche Unterscheidungen für Nutzer mit Karriereabsichten und Freiberufler geht. So bekommen Sie einen Eindruck davon, was Sie in den anderen sozialen Netzwerkräumen zu erwarten haben.

2.1.1 XING – das Business-Netzwerk für D-A-CH

Der openBusinessClub (openBC GmbH – heute XING AG) ist 2013 auch 10 Jahre alt geworden und wurde ähnlich wie LinkedIn auf Basis der Idee des heute bedeutungslosen *ryze.com* gegründet. Trotz anfänglichen guten internationalen Wachstums (13 Mio. Mitglieder weltweit, 6 Mio. in D-A-CH), zog sich XING im Jahr 2010 auf den deutschsprachigen Markt zurück und fokussiert sich seither auf Selbstständige, Arbeitnehmer und Unternehmen aller Größen. Mit zwei Dritteln besteht die Haupteinnahmequelle der in Hamburg ansässigen Aktiengesellschaft aus Mitgliedsbeiträgen. Erst mit Ausscheiden des Gründers Lars Hinrichs im Jahr 2009 stieg die XING AG ins Recruitingbusiness ein, welches heute das größte Umsatzwachstum verzeichnet. Durch strategische Zukäufe wie z. B. der Event- und Ticketingplattform Amiando, jetzt XING Events, und 2012 der Arbeitgeberbewertungsplattform Kununu rundete XING sein Produktportfolio passend ab. Der Werbeslogan ist Abgrenzung: „Facebook für's Private, XING für's Berufliche."

2 ❖ Den Netzwerk-Raum verstehen

Besonderheiten (Unique Selling Propositions) von XING

- Erfolgreich ein aktives Netzwerk zu gründen geht fast nur mit einer Premiummitgliedschaft für 4,95 Euro im Monat
- 20 Nachrichten an Nichtkontakte senden (Premium)
- Die erweiterte Premium-Suche, die Datenfelder der Profile nutzbar macht
- Powersuche zeigt nicht nur Besucher des Profils (Premium), sondern gibt Aufschluss über die Profilbesucherherkunft (wie kam der Besucher zu Ihnen)
- Powersuche mit voreingestellten Matchingvarianten aus Profilinhalten
- Werbefreies Profil für Premiummitglieder
- Bis zu 100 MB Dateianhänge in Nachrichten (Premium)
- An Events teilnehmen und mit Bezahlsystem organisieren (Basis)
- Projektbörse für Freiberufler
- Arbeitgeberbewertungen durch Kununu
- Sehr einfache Privatsphäreneinstellungen

Fazit

XING ist ein Netzwerk für Arbeitnehmer und Freiberufler, die sich auf kleine und mittelständische Unternehmen im deutschen Sprachraum fokussiert haben. Da XING der Marktführer im deutschen Sprachraum ist, bieten die meisten Großkonzerne dennoch ausreichenden Service und Jobangebote für Suchende an.

2.1.2 Was unterscheidet das weltweite LinkedIn-Business-Netzwerk von XING?

Da Sie die Geschichte schon kennen, möchte ich lediglich auf die inhaltlichen Besonderheiten zum Kennenlernen des Raums eingehen. Im Abschnitt 2.1.3 finden Sie eine genauere Gegenüberstellung von sowohl XING- und LinkedIn-Werkzeugen, als auch deren Mitgliederzahlen und Möglichkeiten.

Eine sehr wichtige Besonderheit ist der Anteil der Einnahmequellen. LinkedIn bezieht nur 20 % (XING zwei Drittel) seiner Einnahmen aus Mitgliedsbeiträgen und ca. 25 % aus Marketinglösungen und den Rest, ca. 55 %, aus Recruitinglösungen, bei denen XING erst in den letzten Jahren eingestiegen ist.

1. Wer als Arbeitnehmer ohne Akquisitionsabsichten auf LinkedIn aktiv werden will, braucht keinen Premiumaccount, den es ab 14,95 Euro pro Monat gibt: *http://bit.ly/LinkedIn-Premium*
2. Nachrichtenversand an Nichtkontakte ist grundsätzlich kostenpflichtig.
3. Die erweiterte Suche ist für alle Mitglieder bis zum 3. Kontaktgrad frei; Profildatenfelder können nicht einzeln durchsucht werden.
4. Profilbesuche sind anonymisierbar, dafür ist die Herkunft anders als bei XING nie nachvollziehbar. Umfangreiche Suchanalysewerkzeuge zur Profiloptimierung sind vorhanden.
5. Ein Nachrichtensystem, welches über die Kategorisierung von Kontakten „Sammelmails" an maximal 50 Empfänger zulässt.

6. Adressbuch über das alle (auch synchronisierte) Kontakte über die Netzwerke hinweg verwaltet werden und von dem aus auch Nachrichten in andere Netzwerke (Facebook und Twitter) möglich sind.
7. LinkedIn-Pulse ist wie eine Online-Tageszeitung und bringt News aus internationalen Wirtschaftszweigen.
8. Eine spezielle Premium-Mitgliedschaft für Jobsuchende, die u.a. das Profil besonders in der Suche hervorhebt und die Direktansprache per InMail ermöglicht.
9. Das Profil ist mehrsprachig.

Fazit

LinkedIn ist vor allem ein Netzwerk für Arbeitnehmer, die auf Mittelstands- und Konzernebene nach einer Arbeitsstelle in internationalem Umfeld suchen. Es ist aber ebenso für Freiberufler geeignet, die in diesem Umfeld arbeiten.

2.1.3 Was haben die Netzwerke gemeinsam bzw. wie schneiden sie in einer direkten Gegenüberstellung ab?

Im Gegensatz zu XING (70.000 Neumitglieder pro Monat – Stand 08.2013) wächst LinkedIn in D-A-CH (115.000 Neumitglieder pro Monat – Stand 09.2013) exponentiell. Die Mitgliederzahlen haben sich in nur 2 Jahren annähernd verdoppelt (von 2 auf 4 Mio.), sodass unklar ist, wie lange die folgenden zwei Aussagen noch Gültigkeit haben werden:

2.1 Die Kontaktnetzwerke

- XING für D-A-CH und LinkedIn für international
- XING für Mittelstand/Freiberufe und LinkedIn für Konzerne

Infos zu den Unternehmensgrößen finden Sie unter: *http://bit.ly/Unternehmensgroessen-LinkedIn-und-XING*.

> **Exkurs**
>
> Aus einem späteren Kapitel möchte ich hier dringend vorwegnehmen, dass es für Ihre Karriere und Ihren Netzwerkaufbau ausschließlich auf zwei Komponenten ankommt, die zu einer **Entweder-oder-Entscheidung** führen dürften:
>
> 1. Wo finden Sie die Personen und Stellen, die Sie sich für Ihre Zukunft wünschen?
> 2. Wo befinden sich die aktiven Personen, die Sie bereits kennen und die sie beruflich unterstützen?

Profilbesucher

Die Anzeige von Profilbesuchern beider Netzwerke ist eine einzigartige Funktion gegenüber allen anderen führenden Netzwerken (siehe USP).

Suchfunktionen

In einem Workshop sagte jemand mal, dass LinkedIn das Google für Menschen sei. In beiden Netzwerken bildet die Suche das zentrale Instrument für den Aufbau des Netzwerks. Insbesondere deswegen ist es sehr wichtig, dass Sie Ihr Profil auf die Suchenden ausrichten. Beide verfügen auch über eine sog. Facettensuche, durch die Sie leicht Eingrenzungen vornehmen können. Grundsätzlich sind die Suchergebnisse bei LinkedIn *(http://linkd.in/erweiterte_Suche)* stärker durch den Beziehungsgrad und die Empfehlungen der Fähigkeiten (Skills – Endorsements) gekennzeichnet als bei XING *(http://bit.ly/XING_erweiterte_Suche)*.

Recruitingtools

Die Suche ist ein wesentliches Kernprodukt für Recruiter. Diese können über spezielle Recruitinglösungen professionell potenzielle Kandidatenprofile durchforsten, wodurch Ihre Chance, gefunden zu werden, wesentlich verbessert wird. Falls Sie hier tiefer in die Materie einsteigen wollen, gibt es einen guten Vergleich beim ICR-Institut: *http://bit.ly/Vergleich-Talentmanager-und-Li-Recruiting*

Kontakte zweiten und dritten Grades

Die Kombination aus sehr genauer inhaltlicher Suche und Verbindungspfaden entfernter Kontakte bilden ein weiteres Herzstück beider Netzwerke. Denn so können Sie sich in das Netzwerk bestehender Kontakte (z. B. in anderen Unternehmen) empfehlen lassen.

2.1 Die Kontaktnetzwerke

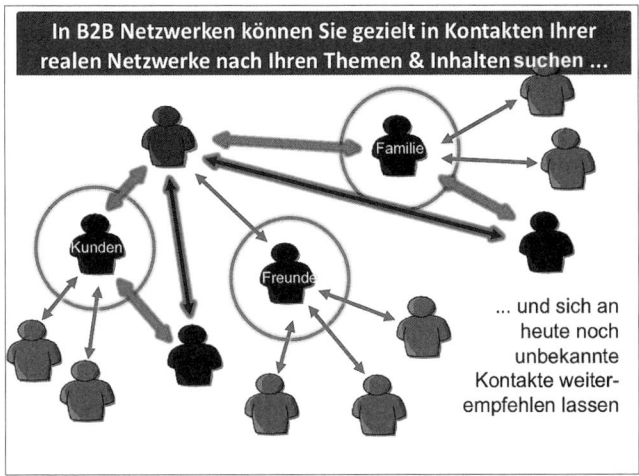

Abbildung 2.1: *Netzwerk erweitern*

Empfehlungen/Referenzen

Im angelsächsischen Sprachraum sind aktive Empfehlungen/ Referenzen ein alltägliches Businessinstrument, welches in abgeschwächter Form auch auf XING zur Verfügung steht. So auch erklärt sich die Tatsache besser, dass die o.g. Endorsements sich auf das Gefundenwerden auswirken und LinkedIn im öffentlichen Profil für die Suchmaschinen die Anzahl der Volltextempfehlungen (Recommendations) von Geschäftspartnern anzeigt. Übrigens können Sie, anders als bei XING, jeden für die Suchmaschinen sichtbaren Profilabschnitt einzeln definieren.

2 ❖ Den Netzwerk-Raum verstehen

Michael Rajiv Shah

Experte für messbare Wirkung im Social Web | B2B Network Coach | Buchautor zu LinkedIn, XING & Twitter

Austria | Öffentlichkeitsarbeit

Empfehlungen **47** Personen haben Michael Rajiv Shah empfohlen
Kontakte **500+** Kontakte

Abbildung 2.2: *Profilvisitenkarte im Internet*

Suchmaschinenrelevanz

Google und andere Suchmaschinen werten Profile aus den Businessnetzwerken recht hoch, sodass berufliche Profilinhalte (also nicht nur der Name) zum Gefundenwerden über Themen beitragen können. Dies kann vor allem einen Wettbewerbsvorteil bei den „modernen" Recruitern darstellen, die mittels sog. boolescher bzw. semantischer Suche schon auf Suchmaschinenebene nach Kandidaten suchen (*http://bit.ly/Boolsche-Suche*).

Hinweis

Ihre Take-aways:

- Identifizieren Sie Ihren (Arbeits-)Markt. Analysieren Sie genau, wo Ihre zukünftigen Arbeitgeber aktiv sind.
- Profilbesucher (Schaufenstergucker) und deren Nachvollziehbarkeit sind einzigartig in B2B Netzwerken.
- Unternehmen auf LinkedIn sind (derzeit noch) international ausgerichtet. XING fokussiert D-A-CH. →

- Beide Business-Netzwerke verfügen über eine erstklassige Personensuche mit Kontaktgradanzeige.
- Recruiting ist in beiden Netzwerken ein Kernelement.
- Kontakte zweiten und dritten Grades bzw. Ihre tatsächlichen Kontakte (Verbindungen) dorthin sind wichtiges Kapital.
- LinkedIn ist das visuell jüngere Netzwerk mit vielen Funktionen und Newsangeboten; das Business-Netzwerk, das Facebook näher steht.

2.2 Die Follownetzwerke

Ganz anders als in den Kontaktnetzwerken, sind Follownetzwerke nicht zwingend davon abhängig, ob Ihr Gegenüber Ihren Kontakt akzeptiert. Ein Klick und Ihr Follower folgt den von Ihnen öffentlich gesendeten Meldungen, Statusupdates, der Timeline oder „Neues aus dem Netzwerk". Nur das aktive Blockieren kann dies verhindern.

Tipp

Bitte nehmen Sie es Menschen, denen Sie folgen nicht übel, wenn diese Ihnen nicht zurück folgen. Das war auch für mich ein Lernen, welches bestimmt 2 Jahre gebraucht hat. Followfunktionen gibt es auch bei LinkedIn (über Gruppenmitgliedschaften) und bei XING über das Profil (Beta).

2.2.1 Twitter – das Echtzeitnetzwerk

Diese Form der kontextuellen Netzwerkverbindungen ist durch Twitter ins Leben gerufen worden. Bei Twitter, welches aufgrund weitreichender Aktivitäten von Unternehmen und Personalberatungen auch für Sie interessant sein kann, handelt es sich schon aufgrund der Ursprungsidee der Gründer um das Echtzeitnetzwerk schlechthin.

Kein Medium ist schneller in der Informationsverbreitung. Aber dazu mehr in *Twitter für Einsteiger* aus dieser Buchserie *(http://bit.ly/Twitter-fuer-Einsteiger-StarkVerlag)*.

Sofern Sie ein Twitterkonto haben, werden Sie es zu schätzen wissen, Ihren LinkedInauftritt mit Twitter verbinden zu können. Denn alle auf LinkedIn öffentlich getätigten Meldungen können Sie auch twittern.

Auf Twitter ist es nicht einmal zwingend erforderlich, einem Account zu folgen. Private und öffentliche Twitterlisten ermöglichen das Folgen, ohne zu folgen. Wenn Sie Twitteraccounts in Listen erfassen, können Sie deren Beiträge über die Listen sehen, ohne diesen folgen zu müssen.

2.2.2 Google+ – das zentrale Nervensystem der Suchmaschine

Google+ (Gründung Sommer 2011) revolutionierte das Beziehungswesen (CRM – Contact Relationship Management) in Netzwerken komplett. Denn die frei vergebbaren G+ Kreise (analog zu Freundeslisten bei Facebook) bilden die Basis der

Timeline. Hier ist es nicht nur möglich, mittels Kreiszuordnung zu folgen, sondern auch machbar, (Freundes-) Kreise und Kontakte gezielt zu adressieren *(http://bit.ly/GooglePlus_CRM)*.

Obwohl Google+ eher ein Spezialistennetzwerk ist, wäre es fahrlässig, das Netzwerk für Karrieresuchende völlig außen vor zu lassen. Das liegt an 3 Punkten:

1. Google+ gehört zu den Top3 der westlichen Welt.
2. Google+ ist vor allem für die Suchmaschinenrelevanz z. B. Ihres persönlichen Blogs, den Sie für Ihr Personal Branding nutzen können, sehr nützlich.
3. Google+ ist in bestimmten Nischen sehr stark.

Hinweis

Sofern Sie eine persönliche Webseite für Ihr Personal Branding verwenden, sollten Sie diese über Google Authorship mit Ihrem persönlichen Google+-Profil verbinden. Die Einträge Ihres Blogs/Ihrer Webseite in der Suchmaschine werden dann mit Ihrem Profilfoto angezeigt *(https://plus.google.com/authorship?hl=de)*.

Google+ Circles ~ ein Kontakt Beziehungs Tool (CRM) findet & nut...

www.networkfinder.cc/.../google-plus-vs-xing-facebook-linkedi... ▾
von Michael Rajiv SHAH - in 2.416 Google+ Kreisen
10.07.2011 - Chapeaux ~ **Google+** hat mit den **Circles** die Lücke zwischen allen Netzwerken gefunden.

Abbildung 2.3: *Personalisierte Suchergebnisse in Google*

2.2.3 Pinterest – das Bildernetzwerk

Seit Frühjahr 2012 redet auch die Spitze der deutschsprachigen Human-Resources-Szene vom kreativen Bildernetzwerk. Auch gibt es dort das eine oder andere kreative Beispiel, wie Bewerber sich ihren zukünftigen Arbeitgebern zur Schau stellen.

Ich habe Ihnen auf Pinterest eine kleine Sammlung interessanter Beispiele an kreativen Lebensläufen, Kampagnen, Infografiken zu Karrierethemen und Best Practice Cases angelegt. In der Regel dürfte Pinterest außerhalb der kreativen Zünfte keine Rolle für Ihre Karriere spielen. Aber der Zufall macht vieles möglich und hier können Sie sich so richtig verkünsteln.

Abbildung 2.4: *Screenshot Pinterest, Karriereboard*
Quelle: http://bit.ly/Pinterest-Karriere

> **Hinweis**
>
> Ihre Take-aways:
>
> ▶ LinkedIn ist selbstverständlich nur ein Zugang zum Netzwerk, das Sie für Ihre berufliche Zukunft aufbauen.
> ▶ Die Vorteile von LinkedIn und XING (Suche, viele Personaler, sowie Ihr Business-Netzwerk) machen diese Netzwerke zu Werkzeugen, mit denen Sie nachhaltig an Ihrer persönlichen Marke arbeiten können.
> ▶ Twitter kann ein guter Kanal sein, um Arbeitgeber zu erreichen.
> ▶ Google+ und Pinterest sind eher für Spezialisten.

2.3 XING – das Netzwerk auch für eiskalte Kontakte

Meiner Beobachtung nach stammt ein großer deutschsprachiger Teil von LinkedIn (insgesamt 4 Mio. Mitglieder im September 2013) auch u.a. von XING ab. Für die XING-Mitglieder, die sich nun mit LinkedIn beschäftigen wollen, kann es recht nützlich sein, sowohl die wichtigsten Kommunikationsunterschiede und Gepflogenheiten als auch die tatsächlich abweichenden Kontaktaufnahmemodalitäten, wie die jeweiligen AGBs dies vorsehen, zu kennen, um wichtige Fauxpas vermeiden zu können.

XING bietet die wirklich wichtigen Dinge zur Suche und Eins-zu-eins-Kommunikation mit fremden Dritten für einen verhältnismäßig kleinen Preis ab 4,95 Euro im Monat an. Hierin sind bis zu 20 tägliche Nachrichten an Nichtkontakte beinhaltet *(http://bit.ly/XING-Premiummitgliedschaft)*.

Die einzigen Regeln zur Kontaktaufnahme, die im Übrigen auch für Recruiter gelten, sind der eindeutige Bezug auf Profilinhalte, persönliche Anrede und der Verzicht auf Massenmails oder Multi-Level-Marketing-Schreiben. Gesetzliche Rahmenbedingung, z. B. die Bundesdatenschutz-, Telemedien- und sonstige Gesetze zum Schutz der Privatsphäre, gelten selbstverständlich trotz höherer vertraglicher Möglichkeiten auch hier.

Hinweis

Ich werde es noch öfter wiederholen, aber Hand auf's Herz, warum sollten intelligente und beziehungsfähige Menschen mit **bestehendem Netzwerk** nicht **auch** ihre bestehenden Kontakte verstärkt nutzen, sich empfehlen lassen!

Konkret: Wenn Sie eine wichtige Person in einem für Sie interessanten Unternehmen ansprechen wollen, schauen Sie bitte nach bestehenden Verbindungen zu Ihrem Wunschansprechpartner, wie unter Kontakte zweiten Grades beschrieben.

2.4 LinkedIn – das Netzwerk für halbwarme Kontakte und bezahlte Kontaktanbahnung

Für das weiterhin wesentlich teurere kleinste LinkedIn-Premiumpaket bekommen Jobseeker eine Beschränkung von

2.2 Die Follownetzwerke

50 Nachrichten (sog. InMails) im Monat. Für Basisnutzer mit einer sehr hohen sonstigen Leistung der Plattform kosten einzelne InMails ab 7,95 Euro pro Stück. Aus dieser Tatsache heraus und einem weiteren Umstand werden die unterschiedlichen Businessmodelle und Kommunikationskulturen deutlich.

Der verstärkende Punkt ist, dass Sie mit jeder Kontaktanfrage oder -bestätigung bei LinkedIn bestätigen, das Gegenüber zu kennen.

Einladungen & Kontaktaufbau

Wenn Sie mit jemandem auf LinkedIn Kontakt aufnehmen, bedeutet dies, dass Sie diese Person gut kennen:

- Diese Person hat dann Zugang zu Personen, die Sie kennen
- Andere fragen Sie vielleicht nach Informationen über diese Personen und umgekehrt
- Sie werden über die Aktivitäten der Personen informiert

LinkedIn erlaubt Ihnen Berufs- und Studienkollegen, Berufsschulkameraden, Freunde und Geschäftspartner einzuladen ohne deren E-Mail-Adressen eingeben zu müssen.

Es kann jedoch auch vorkommen, dass mehrere Empfänger Ihrer Einladungen angeben, Sie nicht zu kennen. In diesem Fall werden Sie aufgefordert, eine E-Mail-Adresse für jede zukünftige Einladung anzugeben.

Abbildung 2.5: *Screenshot zur LinkedIn-Policy (http://linkd.in/contact_policy)*

2 ❖ Den Netzwerk-Raum verstehen

LinkedIn regelt darüber hinaus die Funktion, sich einem Kontakt zweiten Grades über einen bestehenden Kontakt vorstellen zu lassen. Für Basismitglieder ist diese derzeit auf 5 Vorstellungen im Monat beschränkt. Für Premiummitglieder können es 50 und je nach Mitgliedschaft mehr sein (*http://bit.ly/LinkedIn-Preismodelle*).

Exkurs

Auch zu kulturellen Unterschieden zählt, dass Empfehlungen, auch das, was wir im deutschsprachigen Raum eher Kundenreferenz nennen, aus der amerikanischen Historie von LinkedIn heraus eine viel höhere Bedeutung hat.

Abbildung 2.6: *Screenshot Verbindungen*

2.5 Stellen Sie sich jedes Netzwerk wie ein eigenes Land vor

Übereinstimmende Grundelemente der zwischenmenschlichen Kommunikation im Netzwerkraum sind in allen Netzwerken ähnlich. In etwa so, wie wenn Sie verreisen und in jedem Land eine andere Facette des Ihnen schon Bekannten finden. Je besser Sie die kulturellen Unterschiede der Netzwerkräume als „Länder" oder „Kontinente" erkennen können, z. B. zwischen „Badehosen-" und „Anzugsnetzwerken", desto leichter wird es sein, sich darin zu bewegen.

Exkurs

Schon die Anzahl der Zeichen, die wir schreiben können, kann Sprache und Kommunikation verändern. Diejenigen von Ihnen, die den begrenzten Raum von 1.402 Zeichen auf Twitter (inkl. 22 Zeichen für einen Link) kennen, wissen genau, was ich damit meine. Während bei Facebook und Google+ über 10.000 Zeichen für eine öffentliche Meldung (Update) verwendet werden können, sind auf XING „nur" 420 und LinkedIn 600 außerhalb der Gruppenräume möglich. Bei Pinterest hingegen herrscht einzig und allein die Bildsprache. Sie wissen eh, worauf ich hinaus will!?

2 ❖ Den Netzwerk-Raum verstehen

Hinweis

Ihre Take-aways:

- Die LinkedIn- und XING-Kontaktphilosophien weichen voneinander ab. LinkedIn wünscht nur Verbindungen zwischen Personen, die sich bereits kennen oder einander vorgestellt werden.
- Unterschiedliche Räume erfordern ggf. ein Umdenken für Sie.
- Stellen Sie möglichst keine Kontaktanfragen von mobilen Geräten, da es hier keine Möglichkeit gibt, eine individuelle Nachricht mitzusenden.
- Stellen Sie sich Ihr zukünftiges Netzwerk wie bei einer realen Reise in einen jeweils anderen Raum vor, um Ihre Kommunikation darauf abzustimmen. Vom Du auf z. B. Facebook ist es schwer, wieder auf ein Sie zurückzukehren.
- LinkedIn ist in Summe noch mehr als XING auch in der Basisversion für Karriereinteressierte geeignet, sich beruflich als Personenmarke zu positionieren.

3

Ihr persönlicher Erfolgsraum auf LinkedIn

Stellen Sie sich soziale Netzwerke als Shoppingcenter vor. Der Wert eines Ladenlokals in Shoppingcentern wird durch die „Lauflage" bestimmt.

In diesem Kapitel erfahren Sie, wie Sie das LinkedIn-Shoppingcenter so nutzen, dass Sie Ihre Ziele erreichen.

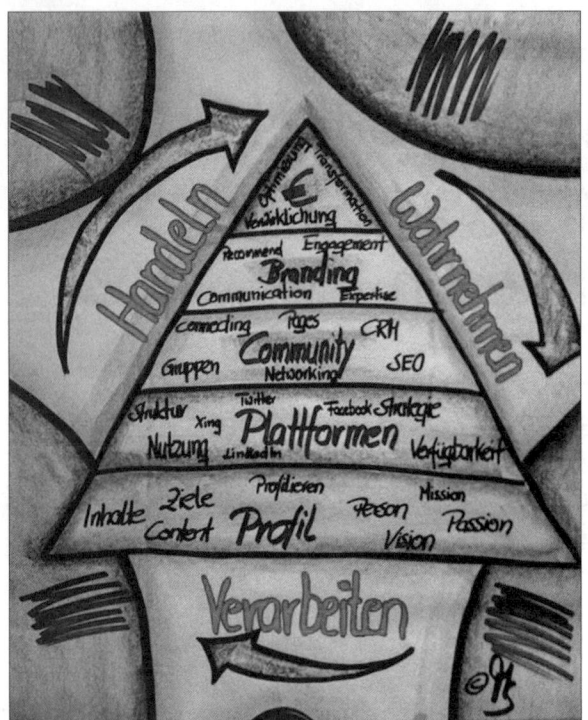

Abbildung 3.1: *Social-Network-Bedürfnispyramide*

Vielleicht haben Sie erkannt, dass dieses Flipchart-Bild angelehnt ist an die Bedürfnispyramide nach Abraham Maslow. Dieses Bild zum Thema Personal-Branding-Strategie verdeutlicht den Weg zu Ihrem nachhaltigen Karriereaufbau bei LinkedIn.

1. Ihr persönliches Profil, Ihre Ziele
2. Ihre Zielgruppe/Ihre Plattform finden, Strategie
3. Netzwerk aufbauen, Community
4. Persönliches Branding entwickeln
5. Ergebnisse überprüfen und optimieren

Hinweis

Wenn Sie an dieser Stelle mit Ihren strategischen Überlegungen starten möchten, bitte ich Sie, zu Kapitel 4 (S. 141 ff.) zu wechseln.

Die Werkzeuge auf LinkedIn, um Ihre Ziele erreichen zu können, sind die technischen Fertigkeiten, mit denen Sie Routinen zum Business-Networking per LinkedIn für sich entwickeln können. Diese beziehen sich auf …

1. das Profil, die Einstellungen (auch der Privatsphäre),
2. die Suche, das Nachrichtensystem und Adressbuch,
3. die Startseite, Gruppen, Unternehmensprofile,
4. aktive Netzwerkteilnahme, Empfehlungen, Customer-Relationship-Management,
5. das Reallife oder telefonische Treffen.

Und da stehe ich nun: Ich öffne meinen LinkedIn-Account und plötzlich ist die Menüstruktur so stark verändert, dass ich die gewohnten Menüpunkte nicht sofort wiederfinde. Seit unserem Buch *XING und LinkedIn* wurde das Menü bereits zum zweiten Mal neu strukturiert. Ich sagte ja, dass ich auch versuchen werde, die Kurzlebigkeit „alter Gewissheiten" zu verdeutlichen, indem ich die Änderungen dokumentiere.

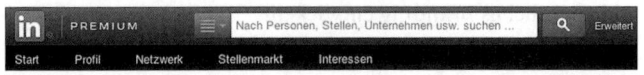

Abbildung 3.2: *Menüleiste*

Sicher ist Ihnen aufgefallen, dass Punkt 5 der Werkzeugaufzählung (Reallife) nicht wirklich unter technische Werkzeuge fällt. Aber Menschen in der Offline-Welt zu begegnen ist das wichtigste und krönende Element im Business-Networking. Nur so kommen Sie dazu, zu netzwerken, wie Sie es schon immer für Ihr berufliches Fortkommen betrieben haben; Menschen durch Stimme (Stimmung) und, noch besser, im realen Leben kennenzulernen. **Die ganze Kunst des Social Networkings besteht darin, virtuellen Werkzeugen die Kraft realen Lebens einzuhauchen.**

3.1 Das Unternehmens- und das Webprofil

Um die grundsätzliche Positionierung Ihrer persönlichen LinkedIn-Präsenz in einen Kontext zu stellen, braucht es zunächst einmal ein paar Überlegungen, wie Sie Ihr Profil insgesamt im Internet einbinden.

1. **Haben Sie eine persönliche Webseite oder ein Blog?**
   Wenn ja, dann stellen LinkedIn, Facebook, Twitter & Co. lediglich Filialen Ihrer Präsenz dar. Präsenzen in den Netz-

3.1 Das Unternehmens- und das Webprofil

werken sind dann „Filialen in Shoppingcentern" Ihres hoffentlich gut verlinkten Flagshipstores (Webseite/Blog), in dem Sie Ihre Personal Brand vermarkten können.

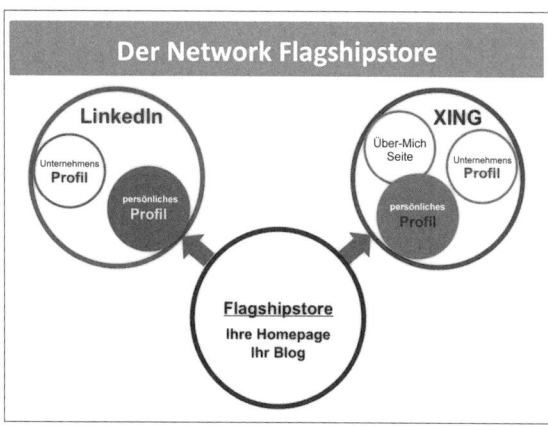

Abbildung 3.3: *Ihre persönliche Webseite/Blog als Zentrum der Netzwerkaktivitäten*

2. **Wollen Sie Google für sich arbeiten lassen?**
   Die meisten Unternehmen haben bis heute noch nicht erkannt, dass LinkedIn auch fürs Suchmaschinenmarketing bestens einzusetzen ist: *http://bit.ly/googlen-Sie-mal*

3. **Hat Ihr jetziger Arbeitgeber ein LinkedIn-Unternehmensprofil?**
   Wenn ja (oder in Kürze) dann stellt sich die Frage, wie Sie sich mit Ihrer heutigen Tätigkeit in das Große und Ganze Ihres Arbeitgebers einbinden.

3 ❖ Ihr persönlicher Erfolgsraum auf LinkedIn

> **Hinweis**
>
> Bitte beachten Sie, dass es meistens einen grundsätzlichen Zielkonflikt zwischen Arbeitnehmern und Arbeitgebern in Business-Netzwerken gibt. Denn leider investieren die meisten Arbeitgeber nach wie vor wenig in das Engagement Ihrer Mitarbeiter in sozialen Netzwerken. Wahrscheinlich haben Sie sich dieses Buch ja auch nicht gekauft, weil Sie wissen wollen, wie Sie Ihren Arbeitgeber besser repräsentieren können, sondern weil Sie sich um Ihre persönliche Karriere bemühen möchten.
>
> Arbeitnehmer sind i. d. R. als Anbieter ihrer Arbeitskraft auf LinkedIn. Damit ist der Unterschied zu Freiberuflern gar nicht mehr so groß. Arbeitgeber (bzw. deren HR-Mitarbeiter) sind in Business-Netzwerken unterwegs, weil es ihre Aufgabe ist, neue Mitarbeiter für das Unternehmen anzuheuern.

Die grundsätzlichen Unterschiede beachten lernen!

Inhalte des Unternehmensprofils:

- Unternehmensleitbild
- Produkte und Leistungen
- 4 P im Marketing (Product, Place, Price, Promotion)

Inhalte des Mitarbeiterprofils im Unternehmenskontext:

- Zu welchem Teil des Unternehmens gehören Sie (Jobdescription)?

- Für welche Leistungen zeichnen Sie sich verantwortlich?
- Sie bieten Ihre 3 P im Selbstmarketing: Persönlichkeit, Perspektive und Passion für etwas.

Das Unternehmensprofil (und Profile von Universitäten)

Anders als bei XING, werden Sie durch Angabe Ihres Unternehmensnamens nur dann dem Unternehmen zugeordnet, wenn Sie im entsprechenden Auswahlmenü ein Unternehmen auswählen. Selbst wenn Sie das Unternehmen ausgewählt haben, ist es Ihnen möglich den Unternehmensnamen, der angezeigt wird, zu überschreiben. Bei XING erfolgt die Zuordnung ab fünf Mitarbeitern, die ein Unternehmen mit der gleichen Schreibweise angeben, automatisch (Aggregation). Auch die Folgefunktion bei LinkedIn ist freiwillig. Sprich, wenn Sie Unternehmensneuigkeiten und Jobs in Ihren Updates (Newsstream) erhalten wollen, reicht es nicht, Ihren Arbeitgeber im Profil anzugeben, sondern Sie müssen diesem aktiv folgen, indem Sie auf den Follow-Button klicken.

> **Tipp**
>
> Gleiches gilt bei der Angabe der Hochschulen und Universitäten, die Sie bei Eintrag Ihrer Ausbildung mit Ihrem persönlichen Profil verbinden können, aber nicht müssen.

3 ❖ Ihr persönlicher Erfolgsraum auf LinkedIn

Da der zuvor erläuterte Zielkonflikt bei LinkedIn sowohl dadurch entschärft wird, dass für Lebensläufe typische Soft-Skill-Wörter nicht als aggregierte Information im Unternehmensprofil auftauchen, als auch durch das Fehlen der Datenfelder „Ich suche" und „Ich biete", können Sie sich auf LinkedIn freier bewegen als bei XING.

Ehemalige Mitarbeiter, die Sie vielleicht kennen

Michael Rajiv Shah
CEO Whisperer I Expert for me...
networkfinder.cc ★ SocialMedi...
Früher offizieller XING-Trainer /...

Ulrich Karl Nobis
Sales Manager
KÖNIGSTEINER AGENTUR
Früher Account Manager New ...

Abbildung 3.4: *Informationen über ehemalige Mitarbeiter*

Einblicke in Unternehmensprofile bekommen Sie lediglich in „Informationen über ehemalige Mitarbeiter", „Top 5 Skills" und „Meistempfohlene Mitarbeiter".

Aus persönlicher Karrieresicht gibt es neben den Statusmeldungen zwei interessante Bereiche in LinkedIn-Unternehmensprofilen:

1. Die Karriereseite

Hier finden Sie aktuelle Videos und die Vernetzung mit anderen Internet- und ggf. globalen LinkedIn-Präsenzen. Diese sind – je nachdem über welche Spracheinstellungen Sie in LinkedIn einsteigen – für unterschiedliche Regionen diversifiziert

3.1 Das Unternehmens- und das Webprofil

gebrandet und enthalten regionalisierte Informationen, wie Sie am Beispiel der Allianz-Karriereseite sehen können. Auch finden Sie hier immer den Weg zur Karriereseite im Internet.

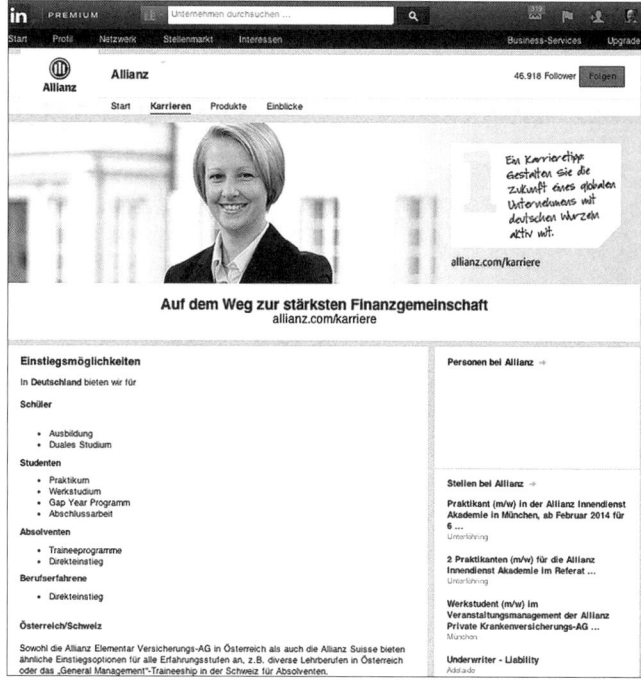

Abbildung 3.5: *Unternehmensseite der Allianz*

3 ❖ Ihr persönlicher Erfolgsraum auf LinkedIn

2. Die Service- und Produktseite

Da nicht jedes Unternehmen den Preis für eine integrierte Premium-Recruitinglösung bezahlt, werden engagierte Firmen Produkte und Serviceleistungen dazu verwenden, Empfehlungen durch Kunden und Mitarbeiter zu erhalten.

Abbildung 3.6: *Die Produkt- und Serviceseite meines Unternehmens*

> **Hinweis**
>
> Da ich erst im September 2013 eine 32-seitige Studie über 84 österreichische Unternehmen, die auf XING ein kostenpflichtiges Employer-Branding-Profil betreiben, und deren 55 LinkedIn-Pendants verfasst habe, kann ich mit relativer Gewissheit sagen, dass originäre Karriereseiten im Internet wichtiger zu sein scheinen als Unternehmensprofile in Business-Netzwerken. Umfragen und Studien im Umfeld von Ausbildungsunternehmen belegen eine annähernd viermal so hohe Bedeutung von Karriereseiten gegenüber Unternehmensseiten auf LinkedIn oder XING. Anbei der Link zur Studie: *http://bit.ly/Whitepaper-Unternehmensprofile*

Der Grund dafür liegt (a) im Zielkonflikt, (b) im Mangel an Konzepten zur Überbrückung o. g. Konfliktes, (c) in der Konzentration auf den „Flagshipstore", die eigene Webseite, und (d) in der Tatsache, dass das Urprinzip der Business-Netzwerke der Eins-zu-eins-Kontakt und nicht das Followprinzip ist.

3 ❖ Ihr persönlicher Erfolgsraum auf LinkedIn

> **Hinweis**
>
> Ihre Take-aways:
>
> ▶ Überlegen Sie sich genau, welche Rolle Sie im aktuellen Kontext als Arbeitnehmer spielen.
>
> ▶ Unternehmensprofile auf LinkedIn stellen nur einen möglichen Zugangsweg zu Unternehmensinformationen dar. Wahrscheinlich brauchen Sie mehr Kanäle, um sich umfassend zu informieren.
>
> ▶ Das Eins-zu-eins-Networking/die Eins-zu-eins-Kommunikation mit möglichen Zielpersonen in Unternehmen und mit Recruitern stellt die wichtigste Arbeit auf LinkedIn dar.
>
> ▶ Überlegen Sie sich gründlich, über welche Zugangswege Sie gefunden werden wollen, denn daraus leitet sich u. a. Ihre Privatsphäreneinstellung ab.

3.2 Das persönliche LinkedIn-Profil

Die erste selbstverständliche Frage bei der Profilerstellung ist die Frage nach dem „Warum" und den Zielen, die Sie erreichen wollen. Im Internet unter *http://bit.ly/why-how-what-Pitch-Uebung* habe ich Ihnen eine Übung bereitgestellt, die dabei hilft, sich dieser Frage anzunehmen. Diese Übung von Simon Sinek *(http://bit.ly/Simon-Sinek-Why-How-What)* gehörte zu Isabella Maders (Co-Autorin meines ersten Buches) Standardrepertoire bei Vorlesungen an der Donau-Universität Krems.

Die 3 P im Selbstmarketing

Vielleicht kennen Sie das Konzept der 4 P im Marketing von Jerome McCarthy, die man hierzulande den Marketing-Mix nennt *(http://de.wikipedia.org/wiki/Marketing-Mix)*. Alle vier schon zuvor benannten Elemente (Produkt-, Preis-, Distributions- und Kommunikationspolitik) sind vor allem Unternehmen zuzuordnen.

Christine Schreiner erweiterte diese zu „Die 7 Ps zu Ihrer strahlenden ICH-Marke®". Die ergänzenden 3 Ps Perspektive (Ziel), Person (Einzigartigkeit) und Passion (Leidenschaft) halfen vielen meiner Kunden sehr dabei, ein konkretes Wording für die Positionierung innerhalb der Business-Netzwerke zu finden. Der amerikanische Personal-Branding-„Guru" Dan Schawbel beschreibt das so: „Personal Branding is about unearthing what is true and unique about you and letting everyone know about." (Dan Schawbel, *Me 2.0,* Kaplan Verlag)

Zugegeben, bei XING ist das 3-P-Tool aufgrund der Datenfeldsuche noch effizienter. Denn „**Ich suche**" entspricht den Zielen bzw. der **Perspektive**, „**Ich biete**" stellt die **Person** mit ihrer Unique Selling Proposition vor und dann gibt es ja noch die „**Interessen**", die als **Passion** und Leidenschaft interpretiert werden können. Dennoch werden Sie es höchstwahrscheinlich als hilfreich empfinden, einmal die Blickrichtung von Ihrem „Arbeitnehmerbauchladen" mit den notwendigen harten Fakten hin zu Ihnen als „Produkt" und Marke zu wenden.

> **Tipp**
>
> Bevor Sie mit der Bearbeitung Ihres Profils beginnen, sollten Sie sich entscheiden, ob alle Profilveränderungen in Ihrem Netzwerk veröffentlicht werden sollen, und in den Privatsphäreneinstellungen (siehe Kapitel 3.2.8) entsprechende Einstellungen vornehmen *http://linkd.in/activity_privacy*. Treffen Sie auch die Entscheidung, in welcher Sprache bzw. welchen Sprachen Sie Ihr Profil führen.

3.2.1 Die LinkedIn-Zusammenfassung (Summary – About Me)

Wie schon in der Aufzählung der Unterschiede zwischen LinkedIn und XING in Kapitel 2.1.2 geschrieben, verfügt LinkedIn über weniger durchsuchbare Datenfelder. Daraus resultiert u. a. dass die LinkedIn-Zusammenfassung umfassen kann, was man bietet und sucht, bedingt auch Interessen. Vor allem aber beinhaltet sie eine Selbstbeschreibung.

3.2 Das persönliche LinkedIn-Profil

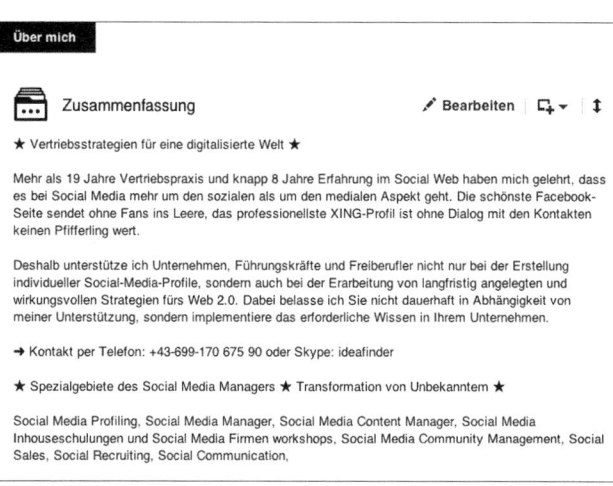

Abbildung 3.7: *Die LinkedIn-Zusammenfassung*

Übrigens lässt sich die LinkedIn-Zusammenfassung, so wie andere Profilabschnitte, auch verschieben.

Übung zu den 3 P im Selbstmarketing

Die 3 P im Selbstmarketing sind 3 Fragenkomplexe an Sie:

1. **Welche Perspektive (Ziele) sehen Sie vor sich?** Was möchten Sie in Ihrer Zukunft erreichen? Und wie würden Sie die Geschichte erzählen, wenn Sie das Erreichte an einem lauen Sommerabend 20 Jahre später mit einem Glas Wein im Kreis von Freunden oder Familie Revue passieren ließen?

2. **Was macht Sie einzigartig?** Wie unterscheiden Sie sich von allen, die mit denselben harten Fakten und Erfahrungen aufwarten können wie Sie? Welche Nische (welchen Raum) persönlicher Qualitäten möchten Sie in der großen Vielfalt von (bei Bucherscheinung wahrscheinlich) 4,5 Mio. LinkedIn-Mitgliedern in D-A-CH einnehmen?
3. **Wofür brennt Ihr Feuer der Leidenschaft?** Salopp gesagt – was finden Sie so richtig „geil"? Wenn Ihnen hier nur etwas aus der Freizeit einfällt (Privates würde ich i. d. R. weglassen), was davon möchten Sie ins Berufliche mitnehmen oder nehmen es bereits mit?

Tipp

Da es sich in Workshops bisher immer sehr gut gemacht hat, mit Sparringspartnern zu arbeiten, empfehle ich Ihnen, entweder jetzt eine Auszeit zu nehmen oder auf Ihre To-do-Liste unter dem Oberbegriff LinkedIn-Profil aufzuschreiben: „Termin mit einem Sparringspartner vereinbaren."

Wie Sie am Beispiel meiner *Zusammenfassung* (siehe S. 61) sehen konnten, ist der Text eine gesunde Mischung aller für mich wichtigen Punkte nebst Schlüsselwörtern (Keywords). Gelegentlich aktualisiere oder erweitere ich die *Zusammenfassung*.

> **Tipp**
>
> Apropos Keywords. Eine Schwierigkeit ist, dass wir meist mehr über das nachdenken, was wir geben wollen. Suchende nutzen vielleicht aber einen anderen Begriff für etwas, das Sie eigentlich anzubieten hätten, und verpassen Sie (Ihr Schaufenster) nur deswegen.
>
> Eine Googleanalyse *(http://bit.ly/Google_AdWords_Tools)* gibt Aufschluss über die Häufigkeit der Suchanfragen bestimmter Keywords und Kombinationen im gesamten Web. So könnten Sie auch feststellen, ob Sie statt sehr „großer" Schlüsselwörter, die Tausende werblich hart umkämpfte Suchanfragen umfassen, ein knapp daneben liegendes für Ihr Gefundenwerden verwenden. Grundsätzlich ist LinkedIn ein sehr datengetriebenes Netzwerk – die Profile waren ja lange Zeit reine Textprofile –, sodass die Häufigkeit platzierter Keywörter für den Erfolg eine entscheidende Rolle spielen kann.

3.2.2 Das Portfolio und dessen Anhänge

Der zweite Bestandteil der Zusammenfassung sind Anhänge wie Videos, Slideshare-Präsentationen, Dateien und Bilder. Diese können Sie als Link oder Anhang hinzufügen. Das Besondere am Portfolio – einer Arbeitssammlung, die im LinkedIn-Kontext Ihre Leistungen widerspiegeln sollte – ist, dass Sie jeder Berufserfahrung ein eigenes hinzufügen können. Deswegen ist ein eigenes Kapitel daraus geworden *(http://bit.ly/ Portfolio-Anbieter-Hilfe)*.

Welche Möglichkeiten gibt es neben Videos?

CEO Whisperer I Expert for measurable Social Media Impact
networkfinder.cc ★ SocialMedia Networks systematisch in Unternehmen nutzen
August 2007 – Heute (6 Jahre 3 Monate) I Wien, Vienna (Austria, Österreich)

Als erfahrener Wanderer zwischen den Welten Deutschland, Indien und Österreich ist mir die Integration und Transformation von Unbekanntem vertraut, mit großer Begeisterung vereinbare ich auf den ersten Blick Unvereinbares. Die Verknüpfung von analoger und digitaler Welt im Sinne eines erfolgreichen Selbst- oder Unternehmensmarketings ist meine Leidenschaft – die ich gerne in den Dienst Ihres Unternehmens oder Ihrer spezifischen Herausforderung stelle.

Das Social Web entwickelt sich weiter – mit oder ohne Sie. Zu welcher Gruppe wollen Sie gehören?

▸ 4 Projekte
▸ 32 Empfehlungen, einschließlich:

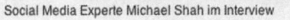

Abbildung 3.8: *Portfolio*

Je nachdem, wie viel Energie Sie für die visuelle Gestaltung Ihres Portfolios aufwenden möchten, um z. B. den Text Ihrer Zusammenfassung zu visualisieren, könnte sich auch Bildsprache in Ihrem Portfolio niederschlagen. Wenn Sie nun noch ein dazu passendes Profilbild (ggf. vom gleichen Fotografen) haben, könnten Sie Ihre Geschichte komplett abrunden. Die Bildgrößen sind 296 pixel (px) x 137 px und 194 px x 137 px.

3.2 Das persönliche LinkedIn-Profil

Abbildung 3.9: *Beispiele für Bildgrößen*

Hinweis

Ihre Take-aways:

- Finden Sie so genau wie möglich heraus, warum Sie sich per LinkedIn positionieren wollen.
- Wenn Sie glücklich auf Ihrem Karriereweg sind, bauen Sie ihn aus. Sollten Sie unglücklich sein, dann zeichnen Sie einen neuen. Sind Sie sich unsicher, was Ihre Zukunft betrifft, dann definieren Sie einen Weg, der Ihnen mehr Sicherheit bringt.
- Vermeiden Sie Plattitüden wie „Ich suche Kontakte". Wenn Sie Worte wie „kreativ" verwenden, dann zeigen Sie Ihre Kreativität auch. Sollten Sie Teamfähigkeit für relevant halten, dann ist es sinnvoll, besonders gut in Ihren Unternehmen vernetzt zu sein. Seien Sie genau in Ihren Formulierungen.
- Anhänge können Ihrem Profil eine eigene Bildsprache geben. Portfolio-Beispiele und eine Slideshare-Präsentation finden Sie hier: *http://bit.ly/LinkedInPortfolio-Slides*
- Bilder: 1. Zeile 296 px x 137 px, 2. Zeile 194 px x 134 px
- Bringen Sie Wortbilder, Portfolio und Profilbild in Einklang mit der Gesamtaussage!
- Nutzen Sie die Möglichkeit, Ihr Profil auf Englisch und Deutsch zu führen.

3.2.3 Das Profilbild auf LinkedIn

Grundsätzlich ist Ihr LinkedIn-Profilbild Ihre wichtigste Werbefläche im Netzwerk und erscheint in folgenden Bildgrößen:

- 30 x 30 Pixel (z. B. in einer reinen Stichwortsuche)
- 60 x 60 Pixel im Newsstream und in der Personensuche
- 200 x 200 Pixel in Ihrem Profil selbst

Schon die Bildqualität sollte also so hochauflösend wie möglich sein. Zeigen Sie viel Kopf und wenig Büste, damit man Ihnen ins Gesicht schauen kann und Krawatten oder Kostüme tatsächlich schmückenden Wert haben. Tun Sie sich unbedingt den Gefallen, von einem 08/15-Bewerbungsfoto, das immer mehr Büste als Kopf ist, Abstand zu nehmen.

Je nachdem wie Sie sich im Rahmen Ihres jetzigen Arbeitgebers präsentieren möchten, können Sie mit diesem auch gemeinsam darüber nachdenken, das Unternehmenslogo in Ihr Profil zu integrieren.

Abbildung 3.10: *Till Kaestner – LinkedIn Geschäftsführer D-A-CH, Jan Hawliczek – Die Grüne 3 & BFFT Fahrzeugtechnik*

> **Tipp**
>
> Falls Ihre Personalabteilung oder Ihre direkten Vorgesetzen sich (noch) nicht auskennen und es (noch) keine Unternehmensstrategie in Richtung Mitarbeiterprofilings auf XING oder LinkedIn gibt, möchte ich Ihnen empfehlen, unbedingt folgende Argumentation anzubringen:
>
> „Lieber Arbeitgeber, ich stehe voll und ganz hinter Ihnen. Gerade deswegen möchte ich mich im Businesskontext professionell mit meiner Arbeit für Ihr Unternehmen präsentieren. Es wäre doch wünschenswert, wenn sich alle Kollegen mit der Corporate Identity von xy-Beispielfirma schmücken würden." Der Arbeitgeber wird wahrscheinlich fragen, was er davon hat, denn da sind schließlich auch die ganzen Headhunter, von denen man so hört. Ihre Antwort könnte sein: „Gerade deswegen ist es doch besser, wir treten als Einheit auf, denn es sind ja immerhin (jetzt sollten Sie die Kollegenanzahl aus der LinkedIn-Suche oder dem Unternehmensprofil präsent haben) soundso viele Kollegen im Netzwerk vertreten." In diesen Kontext passen natürlich auch die Ergebnisse aus meiner Studie recht gut. ;-) *http://bit.ly/Whitepaper-Unternehmensprofile*

Weitere Punkte und Tipps zum Profilfoto:

- Nutzen Sie in jedem Fall ein aktuelles Foto.
- Heller Hintergrund hilft, Ihr Gesicht hervorzuheben.
- Verwenden Sie ein freundliches, aussagekräftiges Foto.

- Seien Sie alleine auf Ihrem Profilfoto.
- Urlaubsfotos gehören nicht auf LinkedIn, sondern z.B. auf Facebook.
- Machen Sie eine Fotoserie.
- Instruieren und inspirieren Sie Ihren Fotografen zu der Geschichte, die Sie erzählen wollen.
- Tragen Sie Kleidung, die zu Ihrer/Ihren Rolle/-n passt.
- Versuchen Sie beim Shooting unterschiedliche Outfits.
- Nur ein Logo als Profilbild ist selbstverständlich nicht erlaubt. Ohne Logo sollten Sie sich präsentieren, wenn das Logo Ihrer Firma Ihnen überhaupt nicht gefällt.

Falls ich Sie im Buchverlauf nicht für eine „große, runde" Lösung gewinnen kann, in der die Bildsprache aller Elemente zusammenpasst, bietet es sich auch an, einfach mal mit unterschiedlichen Bildern und deren Wirkung zu experimentieren (siehe auch *http://bit.ly/Ein-LinkedIn-Foto-Versuch*).

3.2.4 Profilslogan oder Unternehmensposition?

Anders als XING verfügt LinkedIn über ein gesondertes Eingabefeld für Ihren persönlichen oder Unternehmensslogan innerhalb der Profilvisitenkarte. Verwenden Sie das Datenfeld für den Profilslogan nicht, so trägt LinkedIn dort standardisiert die Position, die unter *Berufserfahrung* am höchsten gereiht ist (Sie können diese wie schon erwähnt durch Verschieben konfigurieren), und den Firmennamen ein.

3 ❖ Ihr persönlicher Erfolgsraum auf LinkedIn

Abbildung 3.11: *Beispiel für einen Profilslogan*

Der Profilslogan von Dr. Rose z. B. umfasst unterschiedliche Arbeitsbereiche. Gründe, warum Sie den Profilslogan verwenden sollten:

▸ Der Slogan ist geeignet, Ihre berufliche Einzigartigkeit aus den Übungen in 3.2.1 herauszustellen. Er ist die Essenz, z. B. „Experte für messbare Wirkung in Web 2.0".

▸ Der Profilslogan führt sowohl innerhalb von LinkedIn als auch in Suchmaschinen zu Ergebnissen.

▸ Punkten Sie bei denen, die suchen, indem schon das Suchergebnis zeigen kann, was Sie besonders macht.

3.2.5 Die konfigurierbaren Abschnitte im LinkedIn-Profil

Ich hoffe, es ist OK für Sie, dass ich immer wieder auch für die XING-Mitglieder schreibe, damit diese sich leichter in die unterschiedliche technische Verwendung beider Netzwerke hineinfinden können.

3.2 Das persönliche LinkedIn-Profil

> **Tipp**
>
> Seit LinkedIn die sehr reduzierte Benutzeroberfläche eingeführt hat, gibt es eine Funktion, die mich immer wieder verwirrt. Die Tatsache, dass Punkte durch ein „Mouse Over" (dem Bewegen der Maus über einen Menüpunkt) nicht nur das Menü öffnen, sondern auch selbst Menüpunkte darstellen, die Sie betätigen können.

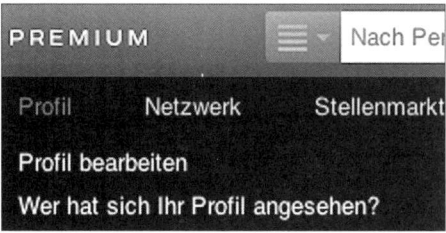

Abbildung 3.12: *Ein Beispiel – klicken Sie auf „Profil", öffnet sich die Profilansicht, ohne dass Sie das Profil bearbeiten können.*

Wie schon zuvor geschrieben, sind alle Profilabschnitte auf LinkedIn einzeln verschiebbar. Sogar innerhalb kompletter Informationsblöcke, wie z. B. den Empfehlungen, können Sie durch Verschieben einzelner Empfehlungen Ihre persönlichen Prioritäten hervorheben.

Abbildung 3.13: *Funktion zum Verschieben von Elementen*

3 ❖ Ihr persönlicher Erfolgsraum auf LinkedIn

> **Tipp**
>
> Um festzulegen, in welcher Reihenfolge Ihre Berufserfahrungen in Ihrer Profilvisitenkarte erscheinen, müssen Sie lediglich die Positionen so verschieben, dass die gewünschte Reihenfolge erscheint. So können Sie vermeiden, dass der Wortlaut des Profilslogans doppelt in der Profilvisitenkarte erscheint. Im beigefügten Beispiel finden Sie meinen Firmennamen erst in der zweiten Position, da „Wirksame digitale Business Profile für LinkedIn, XING & Co." mein Einstiegsprodukt darstellt. ;-)

Michael Rajiv Shah
Experte für messbare Wirkung im Social Web | B2B Network Coach | Buchautor zu LinkedIn, XING & Twitter
Österreich | Öffentlichkeitsarbeit

Aktuell	Wirksame digitale Business Profile für LinkedIn, XING & Co., networkfinder.cc ★ SocialMedia Networks systematisch in Unternehmen nutzen
Früher	XING AG / XING-Seminare.de, AWD + renditefinder.com, Underground Sportswear GmbH
Ausbildung	Fachhochschule Düsseldorf

Abbildung 3.14: *Meine Profilvisitenkarte*

Für Freiberufler und Selbstständige wie mich, die ja dieses Buch durchaus auch lesen, kann es interessant sein, für unterschiedliche Arbeitsbereiche auch unterschiedliche Portfolios anzulegen.

> **Achtung**
>
> Wenn Sie Arbeitnehmer sind und Ihr Arbeitsvertrag keine nebenberufliche Tätigkeit zulässt, dann müssen Sie unbedingt im eigenen Sicherheitsinteresse davon absehen, Ihre selbstständigen Tätigkeiten hier zu präsentieren.

Welche Profilabschnitte stehen Ihnen zur Auswahl?

1) Standard und verpflichtend

Die folgenden Profilabschnitte können nicht unterdrückt werden. Sobald Sie z. B. einem Meinungsbildner (Influencer) oder Unternehmensprofil folgen, ist dies auf Ihrem Profil fix sichtbar. Nur Gruppensichtbarkeiten können Sie händisch einstellen und Kontaktsichtbarkeit auf den ersten Grad einschränken.

- *Über mich:* Berufserfahrung
- Gruppenzugehörigkeiten (Sichtbarkeit einstellbar)
- Unternehmensprofile, denen Sie folgen
- Ansicht gemeinsamer Kontakte mit Profilbesuchern (Einstellungsvarianten: nur ich oder Kontakte)
- Meinungsbildner (Influencer)

2) Optionale Profilabschnitte

Die folgenden Profilabschnitte stellen Optionen dar. Zum Teil sind diese Optionen mit *Berufserfahrungen* vernetzt, wie Projekte, Ausbildung, Organisationen, Kurse, Empfehlungen und Patente.

Über mich
- ▶ Portfolioeinträge zu jedem *Über-mich*-Abschnitt
  - Zusammenfassung
  - Kenntnisse (Skills und Endorsements)
  - Auszeichnungen und Preise
  - Veröffentlichungen
  - Weitere Informationen
  - Projekte (die mit Berufserfahrung verlinkt werden)
  - Sprachen
  - Ausbildung (Verlinkung mit Universitätsprofilen)
  - Organisationen (verlinkt mit Berufserfahrung)
  - Kurse (verlinkt mit Berufserfahrung)
  - Patente (verlinkt mit Berufserfahrung)
  - Ehrenamtliche Tätigkeiten
  - Zertifikate und Diplome
- ▶ Empfehlungen (verlinkt mit Berufserfahrung)

Tipp

Weniger ist mehr! Natürlich können Sie, wie in meinem persönlichen Beispielprofil, viele Optionen wählen. Aber denken Sie an sich selbst, wie viele Informationen können Sie auf einen Schlag aufnehmen? Arbeiten Sie lieber mit vertiefenden PDF-Dateien oder Slideshare-Präsentationen!

3.2.6 Vernetzungen mit Berufserfahrungen

Wie schon in der vorherigen Aufzählung erwähnt, verfügt die Rubrik *Berufserfahrung* über unterschiedliche Positionen, die unmittelbar mit anderen Profilabschnitten verlinkt sind.

- Projekte (Verlinkung von Kollegen – passiv, ohne Ihr Zutun)
- Patente (Verlinkung mit Kollegen – aktiv, indem Sie Kollegen benennen)
- Organisationen
- Kurse
- Empfehlungen

Empfehlungen stellen ein eigenes Kapitel dar, daher geht es jetzt um die anderen Punkte. Wir betrachten das grundsätzliche Muster und Überlegungen des Obs und des Wies. Es ist auch zu bedenken, dass Ihr Profil mit jeder zusätzlichen technisch brillant gelösten Information ein Stückchen länger und unübersichtlicher wird.

Projektteams durch Projekte sichtbar machen!

Abbildung 3.15: *Projektteams*

Aufgrund Ihrer wahrscheinlich spezifischen Situation als Angestellter ist Ihre Kreativität i. d. R. allein durch Ihren Arbeitsvertrag eingeschränkter. Projekte und Patente jedoch bieten im Rahmen Ihrer Jobdescription eine tolle Möglichkeit, unterschiedliche Einsatzgebiete innerhalb einer Karrierestufe zu skizzieren und gleichzeitig Ihr Team (soweit Sie mit dessen Mitgliedern auf LinkedIn vernetzt sind) als Qualitätsfaktor zu vernetzen. Die Projektteilnehmer werden darüber vom System informiert und können das Projekt ihrerseits ihrem eigenen Profil hinzufügen.

Alle weiteren hier genannten Profilabschnitte verfügen über keine persönliche Vernetzung mit Kollegen. Eine Besonderheit stellen die *Veröffentlichungen* dar, die nicht mit *Berufserfahrungen* – dafür aber mit anderen Autoren – verlinkbar sind.

Hinweis

Ihre Take-aways:

- Nehmen Sie sich Zeit für Ihr Profil, denn Sie wollen eine langfristige Karriere darauf aufbauen.
- Ein LinkedIn-Profil ist kein in Stein gemeißeltes Faktum, es ändert sich und möchte an neue Begebenheiten angepasst werden.
- Vermeiden Sie, einfach nur Ihren Lebenslauf zu importieren *(http://bit.ly/Lebenslauf-zu-LinkedIn-importieren)*. Und wenn, dann überarbeiten Sie diesen bitte individuell.
- Suchen Sie sich vertrauensvolle Sparringspartner, die Ihnen Feedback zu Ihrem Profil geben können.
- Fokussieren Sie die Zukunft und vor allem diejenigen, von denen Sie gefunden werden wollen, ohne sich dafür in Ihrer Persönlichkeit zu verbiegen.

3.2.7 Das Tor zur Welt des Internets mit Profileinstellungen regulieren

Direkt mit der Anmeldung bekommt Ihr Profil eine automatisch generierte URL für das öffentliche Profil, die in etwa wie folgt aussieht und am unteren Rand Ihrer Profilvisitenkarte angebracht ist:

at.linkedin.com/pub/ihrname/12/a34/567/

Klicken Sie jetzt <Bearbeiten> und die Türe zum Eingang ins Branchenregister des Internets öffnet sich. Hier entscheiden Sie nicht nur über Ihre individuelle URL,

Abbildung 3.16: *URL bearbeiten*

sondern können auch einen LinkedIn-Button für Ihr Blog bzw. Ihre persönliche Webseite erstellen.

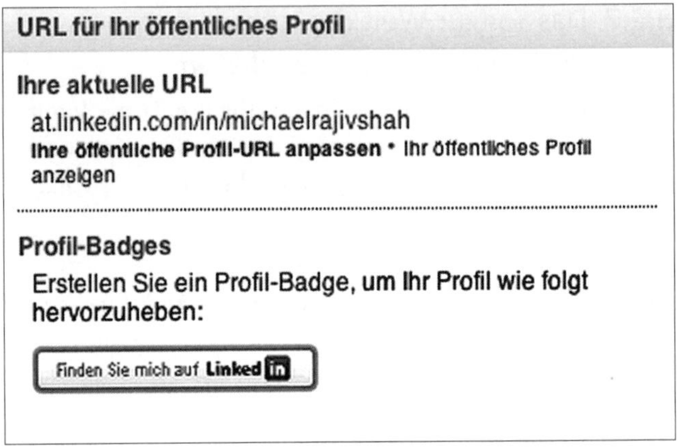

> **URL für Ihr öffentliches Profil**
>
> **Ihre aktuelle URL**
> at.linkedin.com/in/michaelrajivshah
> Ihre öffentliche Profil-URL anpassen • Ihr öffentliches Profil anzeigen
>
> ---
>
> **Profil-Badges**
> Erstellen Sie ein Profil-Badge, um Ihr Profil wie folgt hervorzuheben:
>
> [Finden Sie mich auf Linked in]

Abbildung 3.17: *LinkedIn-Button erstellen*

Das Wichtigste aber ist der Brancheneintrag in die „Gelben Seiten" und „Herolds" im Internet (Google & Co.).

Exkurs

Das ist revolutionär, finden Sie nicht auch? Arbeitnehmer erstellen und steuern ihre Einträge in Branchenbüchern persönlich. Wie gesagt, ich bin Jahrgang '65, das ist ein 10 Jahre junges Novum in der Geschichte der Beziehung zwischen Arbeitgeber und Arbeitskraftanbietern. Herrlich, wie sich die Zeiten erstmals seit Menschengedenken in eine Richtung der Begegnung auf gleicher Augenhöhe entwickeln können, oder?

Alle in diesem Kapitel besprochenen Einzelinformationen können Sie über diesen Menüpunkt als Eintrag im Internet platzieren, sodass Sie gewünschte Besucher vor Ihr persönliches Business-Schaufenster ziehen. Da macht es natürlich Sinn, dass Ihr Profil rund ist und neuen Kontakten und Ansprechpartnern in Unternehmen und Netzwerken einen Grund gibt, sich mit Ihnen zu beschäftigen.

3.2.8 Die Privatsphäreneinstellungen insgesamt

Für das Setup Ihrer LinkedIn-Präsenz sollten Sie mindestens 1 Zeitstunde einplanen. Denn die Einstellungen sind sehr komplex und steuern vor allem auch die Menge der Informationen, mit der Ihr E-Mail-Posteingang belastet wird.

Eine hervorragende Idee zum Erstellen von Passwörtern von Heinz W. Warnemann, *Netzwerkpilot.de,* finden Sie unter: *http://bit.ly/Passworttipp-Netzwerkpilot.*

Nun zur Landkarte der Einstellungen insgesamt

Auf der neuen LinkedIn-Benutzeroberfläche finden Sie alle Konten und Konteneinstellungsmöglichkeiten am äußersten rechten Ende der Menüleiste mit Ihrem Profilbild (Abbildung siehe nächste Seite).

3 ❖ Ihr persönlicher Erfolgsraum auf LinkedIn

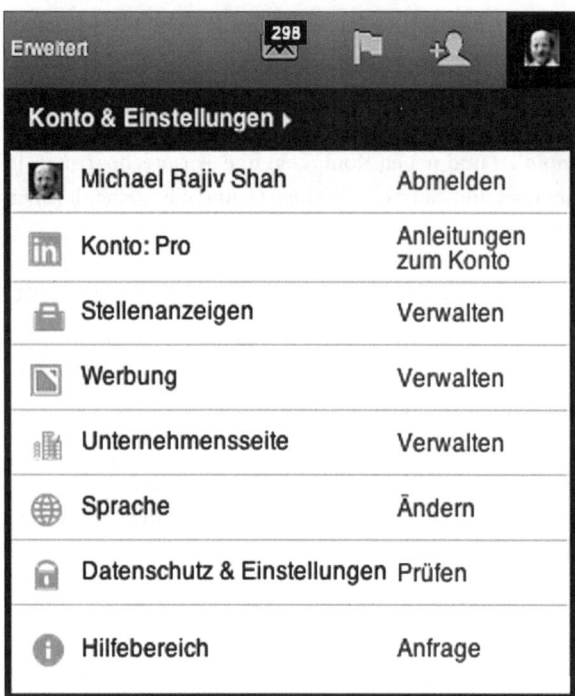

Abbildung 3.18: *Konto und Einstellungen*

Hier betreten Sie den nochmals passwortgeschützen Sicherheitsraum auf LinkedIn *(http://linkd.in/Kontoeinstellungen)*.

3.2 Das persönliche LinkedIn-Profil

Abbildung 3.19: *Zutritt zum Sicherheitsraum*

Tipp

Raumbezogene E-Mail-Adressen wie linkedIn@networkfinder.org oder xing@networkfinder.org bieten zum einen die Möglichkeit unterschiedlicher E-Mail-Posteingänge in Outlook oder Mail, zum anderen liefern Sie die (Er-)Kenntnis, wie diverse Newsletterversender an Ihre Mailadresse gekommen sind. Je länger wir Menschen uns historisch gesehen in sozialen Netzwerken aufhalten, desto mehr „Staubsaugervertretertypen" ziehen die Netzwerkräume an. Die übelste Gattung bildet sich ein, dass soziale Netzwerke der einfachste Weg zu einer schnell wachsenden Newsletter-Empfängerschar sei.

Was gibt es zu entscheiden?

Profilbezogene Einstellungsoptionen:

▶ Sollen profilbezogene Änderungen (passiv) und Unternehmensfolgen dem Netzwerk angezeigt werden?

3 ❖ Ihr persönlicher Erfolgsraum auf LinkedIn

- Welcher Kreis darf Ihre Aktivitäten sehen? (4 Stufen)
- Was sehen Personen, die Sie besuchen? (Anonymität)
- Wer darf das Profilfoto sehen? (Alle? Nur Ihr Netzwerk oder nur Ihre Kontakte?)
- Dürfen Ihre Besucher „Betrachter dieses Profils haben auch folgende Profile angesehen" sehen oder nicht?
- Twitter einrichten
- Profil im Netzwerk- und Internetraum bearbeiten
- Namen, Standort und Branche bearbeiten
- Empfehlungen verwalten (geht nur hier)

Kommunikations- und Interaktionseinstellungen:

- Die E-Mail-Benachrichtigungen (sehr, sehr wichtig)

Häufigkeit von E-Mail-Benachrichtigungen

Nachrichten von anderen Mitgliedern
Nachrichten, Einladungen und weitere Mitteilungen von LinkedIn Mitgliedern

Updates und News
Zusammenfassung der Aktivitäten in Ihrem Netzwerk und zu Themen, denen Sie folgen

Gruppen-Auszüge
Zusammenfassung der Aktivitäten in Ihren Gruppen

Benachrichtigungen
Gefällt mir, Kommentare und weitere Reaktionen auf Ihre Aktivitäten

Nachrichten von LinkedIn
Informationen und Vorschläge dazu, wie Sie LinkedIn am besten nutzen können

Zurück zu Einstellungen

Abbildung 3.20: *Einstellungen zu den E-Mail-Benachrichtigungen*

- Die Auswahl der Push-Benachrichtigungen kommt auf die Häufigkeit Ihrer Nutzung an.
- Mit der Festlegung, welche Arten persönlicher Nachrichten Sie erhalten möchten, können Sie auch die Kontaktaufnahme (-Konditionen) bestimmen.

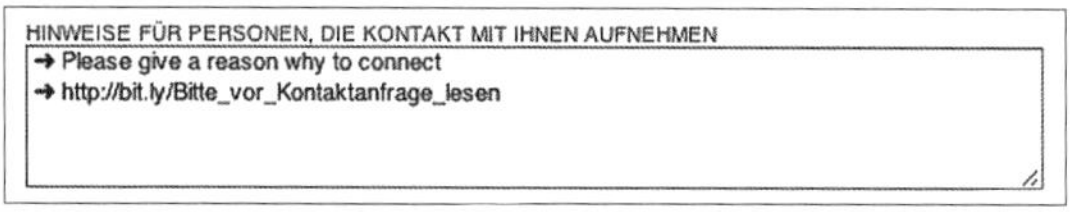

```
HINWEISE FÜR PERSONEN, DIE KONTAKT MIT IHNEN AUFNEHMEN
→ Please give a reason why to connect
→ http://bit.ly/Bitte_vor_Kontaktanfrage_lesen
```

Abbildung 3.21: *Kontaktaufnahme-Konditionen*

- Einstellung, wer mit Ihnen Kontakt aufnehmen kann und wie (Darf jeder?, Muss die Mailadresse genannt sein?, Muss sie im Adressbuch sein?).
- Kommunikation mit LinkedIn, auch bezüglich Umfragen und Marketingkampagnen per InMails von LinkedIn-Partnern, festlegen.

Einstellungen zu Gruppen, Unternehmen und Anwendungen

- Gruppenanzeige und Reihenfolge im Profil definieren
- Mailempfang von Gruppennachrichten
- Gruppeneinladungen erhalten oder nicht
- Gruppenbeitritte als Update im Newsstream sichtbar
- Link zu allen Unternehmen, denen man folgt
- Autorisierungszentrale aller API-Anwendungen (Twitter, Slideshare, Facebook etc.), denen Sie per Login erlaubt haben, auf LinkedIn zuzugreifen

3 ❖ Ihr persönlicher Erfolgsraum auf LinkedIn

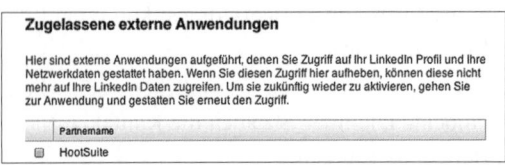

Abbildung 3.22: *Externe Anwendungen*

▶ Hier können Sie auch festlegen, ob z. B. eine Unternehmensempfehlung von Ihnen auf der Webseite dieses Unternehmens angezeigt werden darf.

Konteneinstellungen generell

▶ Das sehe ich erst jetzt: Man kann in Kontaktkreisstufen Profilfotos ausblenden. Scheint in Amerika ein wichtiges Thema zu sein, jemanden NICHT zu sehen (also den LinkedIn-Zustand bis 2008 ohne Fotos wiederherzustellen).

▶ Die Updates auswählen, die Sie auf der Startseite sehen wollen (Hier sehen Sie auch, von welchen Personen Sie die Updates ausgeblendet haben, um auch diese wieder bearbeiten zu können.)

▶ Sprach- und Sicherheitseinstellungen

▶ Mailadressen hinzufügen, um leichter gefunden zu werden

▶ Premiumkonditionen ändern

▶ Das LinkedIn-Konto löschen

▶ RSS-Feed Ihrer Neuigkeiten aktivieren, z. B. um sie zur Einbindung in anderen Netzwerken wie Twitter einzulesen

Sie haben durch die Aufzählung, die Sie auch auf der Plattform lesen können, an dieser Stelle hoffentlich ein Gefühl dafür bekommen können, dass dieser Bereich wahrscheinlich mehr Aufmerksamkeit braucht, als Sie ihm bisher gegeben haben.

Der kommerzielle Bereich und Marketing Account

Im letzten Kapitel kommen wir intensiv auf Personal Branding zu sprechen, daher an dieser Stelle kurz ein zündender Ideenfunke in diese Richtung:

Also auch Sie als Arbeitnehmer können, nein müssen, mindestens Ihre „Haxen" und je nach Wichtigkeit und Potenzial Ihrer Zukunftsidee auch Geld in die Hand nehmen, um Ihre Personal Brand zu vermarkten.

Hier ist jedenfalls der Ort, um alles dafür einzurichten: *http://linkd.in/Kontoeinstellungen*

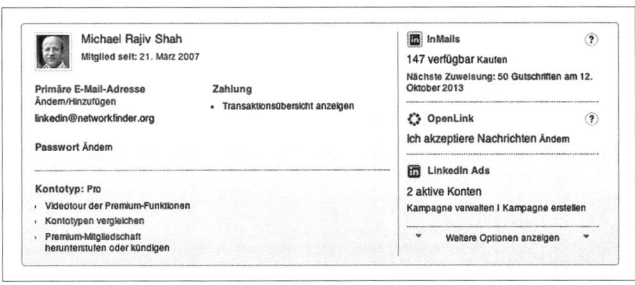

Abbildung 3.23: *Kontoeinstellungen*

Im folgenden Abschnitt erfahren Sie, wie Sie Ihr Netzwerk finden, um durch direkte Kommunikation mit Ihren Kontakten und Ihrem erweiterten Netzwerk Ihren lebenden Netzwerkraum zu gestalten.

3.3 Wie finde ich Kontakte?

Das Schaufenster (Ihr Profil), vor dem jemand stehen bleibt, hat auf Ihrer Seite eine Auslage, von der aus Sie nach außen auf das Schaufenster Ihres Gegenübers blicken. Im Shoppingcenter befindet sich dazwischen auch noch ein Leerraum, die Passage zwischen den Schaufenstern, die auch als Aktionsfläche (Updates-Newsstream) genutzt wird.

Darauf kommen wir später zurück, denn zunächst geht es um direkte, nicht öffentliche Kommunikation mit den Kontakten, die sie wahrscheinlich schon haben. Lassen Sie uns dort erst einmal Licht ins Dunkel bringen (aufräumen), bevor wir uns Ihren zukünftig neuen Kontakten zuwenden.

Darum wird es in den folgenden Abschnitten gehen:

- Workflow Kontaktaufbau
- Adressbuchabgleich
- Synchronisation
- Datenschutz
- Taggings
- Mailings
- Reminder

3.3.1 Das Adressbuch (Kontakt-Beziehungs-Management)

Alle Funktionen rund um das neue LinkedIn-Adressbuch und die Nachrichten umfassen den Bereich, wo wir als Personen einzeln mit anderen verbunden sind und selbst interagieren können. Man könnte von Ihrem zentralen Kommunikationsnervensystem sprechen, über das Sie Ihr Netzwerk verwalten, qualifizieren und anschreiben können.

Das Adressbuch kann Kontakte außerhalb von LinkedIn nutzen

Darüber hinaus besteht das Adressbuch aus mehreren Teilen. Es kann auch die Verbindungen verwalten, die nicht auf LinkedIn, sondern in anderen Netzwerken (Facebook, GMail) oder Ihrem Adressbuch vorhanden sind. Dieser Teil könnte Ihnen viel Arbeit zum Finden Ihres bestehenden Netzwerks abnehmen. Warum „könnte"? (Antwort auf der nächsten Seite.)

3 ❖ Ihr persönlicher Erfolgsraum auf LinkedIn

> ### Vom Datenschutz und Kontakteigentum
>
> Jeder technisch mögliche Import oder die Synchronisation mit anderen externen Netzwerk-Datenbanken über die Schnittstellen übergibt Informationen an LinkedIn.
>
> LinkedIn ist zum einen ein dem amerikanischen Patriot Act unterliegender Datenraum, lesen Sie dazu folgenden Beitrag: *http://bit.ly/Quo-Vadis-XING-Datagate*. Zum anderen benötigen Sie immer die Einwilligung, Daten einer Person einem anderen Raum zur Verfügung zu stellen. Hand auf's Herz, das ist in den seltensten Fällen gegeben, was streng genommen bedeutet, dass in diesen Fällen ein datenschutzrelevanter Sachverhalt eintritt.
>
> Ein weiterer Punkt, der erst unlängst Presse machte, ist für Ihre Entscheidung, ob Datenabgleich und – wenn ja – wie, wichtig zu wissen. Kontakte, die im Rahmen einer beruflich veranlassten Aufgabe entstanden sind, gehören dem beauftragenden Arbeitgeber, nicht Ihnen. Gehört Ihnen Ihr Kontakt? *http://bit.ly/wem-gehoeren-XING-Kontakte*

Je älter Sie als Leser sind, desto mehr Kontakte haben Sie angesammelt. Nun schreibt aber der Shah, dass die wichtigsten Kontakte die sind, die man persönlich kennt, und dass man auf deren Verbindung sein Netzwerk aufbauen soll. Ja, sorry, aber so ist die Situation. Hier kommt jetzt Ihr zweites To-do für die Liste der zu erledigenden Dinge.

3.3 Wie finde ich Kontakte?

- Erstellung einer Excel-Datei (.csv) oder Textliste (.txt), die die Kontakte und deren aktuelle E-Mail-Adressen beinhaltet, die Ihnen für den Aufbau Ihres Netzwerkes für Ihren zukünftigen Weg wichtig erscheinen.
- Streichen Sie all diejenigen, die aus Datenschutz- oder „Eigentumsgründen" ein Risiko sind.

Wenn Sie diese Liste erstellt haben, öffnen Sie im Menü erst „Netzwerk", dann „Kontakte hinzufügen". Im folgenden Fenster wählen Sie „Beliebige E-Mail" aus und führen den Blick nach unten links, um „Kontaktdatei hochladen" zu aktivieren (Screenshot siehe *http://bit.ly/Karrierebeschleunigung-LinkedIn-News*).

Achtung

Beachten Sie folgende Warnung!!! Jetzt folgt ein Schritt im Datenabgleich, der für die Sicherheit höchst relevant ist, denn nach dem Hochladen der Datei wünscht sich LinkedIn, dass Sie alle hochgeladenen Kontakte, auch die, die keine LinkedIn-Mitglieder sind, per Mausklick einladen.

Abbildung 3.24: *Unbedingt vermeiden: Einladungen senden. Quelle: @LinkedInsider http://bit.ly/Kontaktabgleich-LinkedInsider*

→

> Tun Sie das auf gar keinen Fall!!! Die Nicht-LinkedIn-Mitglieder werden sofort und wiederholt von LinkedIn angeschrieben. Das kann richtig verärgerte Reaktionen hervorrufen. Sie können dies nur widerrufen, indem Sie die Einladungen löschen!

Wenn Ihre hochgeladenen Kontakte bereits Mitglieder bei LinkedIn sind, dann ist ein graues LinkedIn-Symbol am rechten Bildschirmrand sichtbar. Bei blauem LinkedIn-Logo ist die entsprechende Person auch bereits Ihr Kontakt.

Abbildung 3.25: *Screenshot importierte Kontakte*

Laut LinkedIn können Sie maximal 500 Kontaktdaten auf diesem Wege auf LinkedIn importieren. Nehmen Sie sich lieber kleinere Portionen vor, z. B. erst einmal aktuelle Kollegen. Hilfe zu den Kontakten finden Sie hier: *http://bit.ly/Kontakte-LinkedIn-Hilfe*

Verschiedene empfehlenswerte, sehr ausführliche Beiträge zum Kontaktabgleich hat Stephan Koß verfasst: *http://bit.ly/ Kontaktabgleich-LinkedInsider*

Aufgrund der Schnittstellen zu den anderen Netzwerken und dem für Amerika scheinbar typischen lockeren Umgang mit Daten (siehe NSA) lassen sich nicht nur Veröffentlichungen von Updates im Newsstream, auf Gruppen- und Unternehmensseiten z.B. via Buffer oder Hootsuite übertragen oder bei Lebenslauf.com kreative Lebensläufe erstellen, sondern können auch Kontakte abgeglichen werden.

- GMail
- Google Contacts und Calender
- Yahoo Mail, Contacts und Calender
- Outlook Mail, Kontakte und Calender
- iPhone-Adressbuch
- Soziales Netzwerk (nur Facebook)
- Applikationen (CardMuch, Evernote, Tripit)
- Adressimport Outlook (.csv), Mac, Yahoo (.csv)

Kontaktmanagement mit LinkedIn

„Wozu das Ganze nun?", haben Sie sich die ganze Zeit gefragt … Beispielsweise für die „Aufgaben des Tages", die z. B. ermöglichen, einem Kontakt von LinkedIn aus per Nachricht (zuvor war dies auch per Tweet oder Facebookposting möglich) zum Geburtstag zu gratulieren. Auch wenn einer Ihrer Kontakte eine neue Position bei LinkedIn einträgt oder bei einem „Reminder" werden Sie erinnert. Kann sehr praktisch sein.

3 ❖ Ihr persönlicher Erfolgsraum auf LinkedIn

Die Mailingfunktion an bis zu 50 Kontakte

Das Tagging ist das Werkzeug zur gezielten 1:1 Themenansprache. Dazu finden Sie im Folgekapitel auch wichtige Ausführungen zum Kontaktworkflow.

Es kommt natürlich sehr darauf an, wofür Sie LinkedIn nutzen möchten. Aber wenn Sie z.B. eine sehr klar definierte Zielgruppe (im Beispiel unten Beitragende zu diesem Buch) auf einen aktuellen Beitrag in Ihrem persönlichen Karriereblog aufmerksam machen wollen, ist Tagging ein gelegentlich probates Mittel für den Nachrichtenversand.

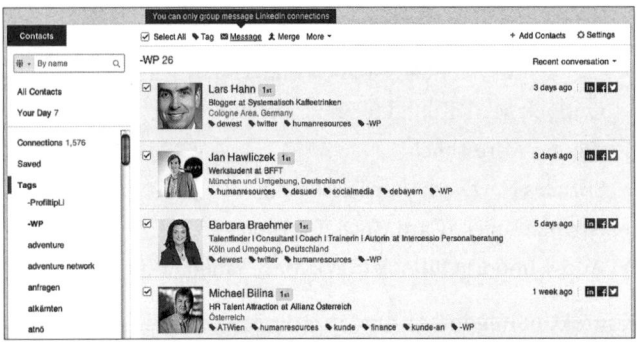

Abbildung 3.26: *Screenshot Tag-Auswahl im Adressbuch mit Mailingfunktion*

> **Hinweis**
>
> Ihre Take-aways:
> - Nutzen Sie einen vordefinierten eingegrenzten Kontaktkreis zum Starten auf LinkedIn.
> - Überlegen Sie sehr genau, wie Sie den Datenschutz Ihres Netzwerkes erhalten können.
> - Schreiben Sie sich hinter die Ohren: Niemals Nicht-Netzwerkmitglieder per Mausklick einladen.

3.3.2 Der Kontaktaufbau

Grundsätzlich empfehle ich Ihnen, neue Kontakte schon im Vernetzungsprozess so zu qualifizieren, dass Sie aussagekräftige Taggings (Kategorisierungen) für Ihre Kontakte vornehmen können. Das Adressbuch ermöglicht u. a., eine Vorauswahl einzelner Kontaktkategorien zu treffen, an die Sie dann z. B. gezielte Anschreiben senden können.

Wie sieht eine optimale Kontaktanbahnung aus?

- Jemand hat Ihr Profil besucht oder Sie haben jemanden gefunden und sind am Kontakt mit Ihrem Gegenüber interessiert.
- Kennen Sie die Person noch nicht, senden Sie entweder eine InMail oder lassen sich durch eine Drittperson vorstellen.
- Verwenden Sie das Notizfeld (Note), um sich die Kommunikation zu merken oder wiederzuterminieren (Reminder).

- Warten Sie die Rückantwort ab, ohne nachzuhaken.
- Geben Sie bei Kontaktanfragen Unbekannter eine Anwort, bevor Sie den Kontakt bestätigen. Sie können an dieser Stelle schon ein Tagging vergeben. Auch ein Nichtkontakt wird so im Adressbuch abgespeichert.
- Wenn Sie sich als Kontakt anbieten oder den anderen annehmen, sollten Sie unbedingt die Taggings nutzen.

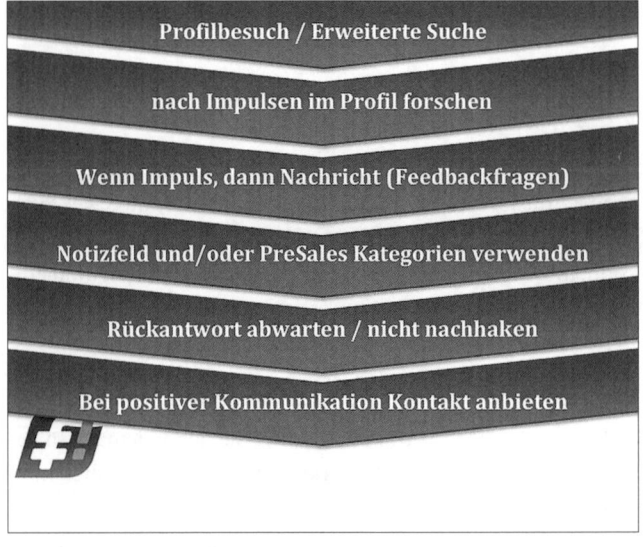

Abbildung 3.27: *Kontaktanbahnung*

3.3 Wie finde ich Kontakte?

> **Tipp**
>
> Premium-Mitglieder können ihre Mitgliedschaft dazu nutzen, sich von Basismitgliedern oder anderen ohne InMail-Kontingent anschreiben zu lassen. Das können Sie am Zeichen (8 Punkte im Kreis) für das OpenLink-Netzwerk erkennen:

Abbildung 3.28: *OpenLink-Badge*

Standardkontaktaufnahme mit Standardtexten

Der Kontaktaufnahmeprozess ist standardisiert und bietet, je nach Kontaktaufnahmeort (Browser oder App), folgende Texte, aber auch standardisierte Kategorien an:

- „Sie sind eine Person, der ich vertraue, und ich möchte Sie zu meinem Netzwerk auf LinkedIn einladen." (Mobil)
- „Ich möchte Sie zu meinem beruflichen Netzwerk hinzufügen." (Browser)

3 ❖ Ihr persönlicher Erfolgsraum auf LinkedIn

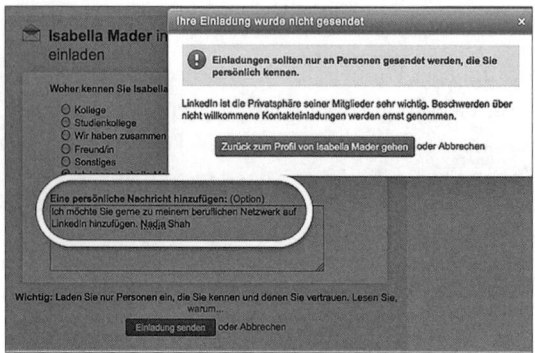

Abbildung 3.29: *Standardtext bei Kontaktaufnahme und LinkedIn-Warnung*

Tipp

Für diejenigen, die denken, dass es viel Mühe macht, für jede Person individuelle Kontaktaufnahmetexte zu schreiben: Ja, das stimmt, aber es lohnt sich, wenn Sie wirklich einen Kontakt aufbauen wollen.

Zur Vereinfachung gibt es sowohl für Windowsrechner als auch für den Mac Software, mit der Sie Textblöcke speichern und sie durch Tastenbefehle auf jeder Benutzeroberfläche (in Web, Mail und Word) abrufen können.

Windows: phraseexpress.com
Mac: typeit4me.com

In jedem Fall bestätigen Sie mit Anfrage/Annahme, dass Sie Ihr Gegenüber kennen. Durch sechs verschiedene Angaben zur Kontaktherkunft entstehen automatisch Kategorien:

3.3 Wie finde ich Kontakte?

- Kollegen (haben in Firma XY zusammen gearbeitet)
- Studienkollegen (haben bei Uni XY zusammen studiert)
- Geschäftspartner (haben Geschäfte getätigt)
- Freunde
- Sonstiges (Angabe der Mailadresse notwendig)
- Gemeinsame Gruppen (der Sonderkontaktfall)

Tipp

Wenn es Ihnen wichtig ist, Ihren Netzwerkaufbau persönlich und aktiv zu steuern, und Sie auf keinen Fall Anfragen von Fremden, die ja auch spannende Zukunftsaussichten bringen könnten, erhalten möchten, dann sollten Sie unbedingt die entsprechenden Einstellungen in Ihrer Privatsphäre vornehmen.

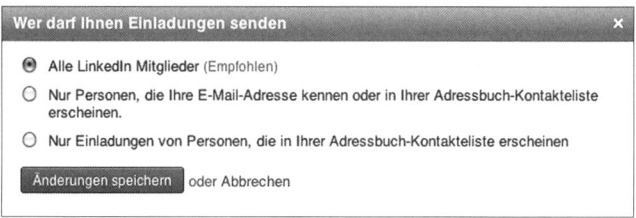

Abbildung 3.30: *Screenshot Einstellungen, http://bit.ly/LinkedIn-Einladungen*

Ein Sonderfall zur Kontaktaufnahme ist eine gemeinsame LinkedIn-Gruppenmitgliedschaft. Gemeinsame Gruppenzugehörig-

3 ❖ Ihr persönlicher Erfolgsraum auf LinkedIn

keiten führen zu zwei Sonderrechten innerhalb der Plattform:

1. einem Gruppenmitglied zu folgen (seine Updates im Newsstream lesen und kommentieren können),
2. Kontaktaufnahme zu einem anderen Mitglied einer Gruppe, ohne die Person zu kennen.

Hinweis

Gruppen spielen im themenbezogenen Kontaktaufbau eine besondere Rolle, zumindest für diejenigen, die bereit sind, auch Personen als ihre Kontakte zu akzeptieren, die sie nicht persönlich kennen.

Hoffentlich haben Sie Ihre Maileinstellungen so gewählt, dass Sie Nachrichten über Kontaktanfragen, mindestens aber Bestätigungen, bekommen, denn diese Mail ist ein guter „Aufhänger" für Ihren Workflow, da sie ein Aufruf für folgende „Arbeitsschritte" ist:

- Kontaktbestätigung mit einer persönlichen Nachricht beantworten, die z. B. einen Link zu etwas enthält, das für beide einen Mehrwert bietet (Ihrem Anliegen?)
- Kategorisierung (Tagging)
- Notizeintrag (Note)
- Erinnerung (Reminder)
- Wie Sie sich kennenlernten (How you met)
- Kontaktinformationen für Ihr persönliches Adressbuch bearbeiten (nur für Sie sichtbar)

3.3 Wie finde ich Kontakte?

Abbildung 3.31: *Screenshot Kontaktkarte*

Bei späteren Aktionen werden Sie sehen, dass diese Anfangsinvestition in Ihr Kontaktmanagement einen großen Wert bekommen kann. LinkedIn hat durch die 100-Prozent-Integration des gekauften Web-Contact-Releationship-Management-Tools (connected.com) ein sehr starkes Werkzeug an den Start gebracht, dessen Kraft bisher nur wenige im deutschen Sprachraum erkannt haben.

Erlauben Sie mir daher einen kurzen Ausflug in die Strukturierung Ihrer Kategorien und Taggings, deren Basis Sie in annähernd allen CRM-Systemen verwenden können.

Exkurs

Kategorien

Legen Sie alles beiseite und nehmen sich ein leeres Blatt Papier oder Notizbuch oder Ihre Schreibkladde und bilden Sie drei, maximal vier Blöcke:

1. **Regionale Bezüge** wie Länder, Postleitzahlen, Kfz-Kennzeichen oder Städte (je nach Bedarf)
2. **Beziehungsgrad** wie Kollegen (gibt's ja eh schon), Management-Upline, A-B-C-D-Kontakte, Kunden usw.
3. **Verbindende Themen** wie Nachhaltigkeit, Twitter, Finanzen, Textil, Blogger, Recruiter usw. →

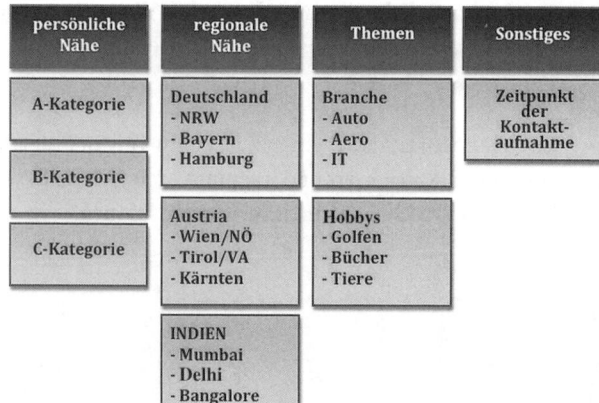

Abbildung 3.32: *XING- und LinkedIn-Kontaktkategoriensystematik*

Falls Sie Lust haben, ein interessantes A-B-C-D-Kategoriensystem, das Sie ein Leben lang begleiten könnte, kennenzulernen, hier: *http://bit.ly/KeepInTouch-System* – die vier Kategorien, nach denen jeder Angestellte oder Freiberufler und Unternehmer fortdauernd arbeiten kann.

(A) Empfehlungsgeber, (B) Menschen, die Empfehlungsgeber werden könnten, (C) Menschen, die Sie eher nicht beruflich empfehlen würden, (D) diejenigen, mit denen Sie nichts zu tun haben wollen.

Jetzt stehen die ersten beiden Sockel für Ihren Business-Networking-Raum auf LinkedIn und bilden ein solides Fundament.

Abbildung 3.33: *Die ersten Ebenen für Networking in Business-Communities*

Hinweis

Ihre Take-aways:

- Machen Sie jedes dieser Kapitel zu einem Projekt.
- Tragen Sie sich regelmäßig Zeit ein für Ihre Karriere.
- Denken Sie bei der Profilerstellung an die, die vor Ihrem Schaufenster stehen werden (LinkedIn/Google).
- Suchen Sie sich Sparringspartner für Feedback und Weiterentwicklung oder professionelle Unterstützung.
- Zeigen Sie, was Sie können, und schreiben Sie nicht nur darüber, Stichwort „Portfolio".
- Überlegen Sie sich genau, wer für Ihre Karrierezukunft ein sinnvoller Erstkontakt (zur Weiterempfehlung) ist.
- Gewöhnen Sie sich von Anfang an einen Workflow für Ihre Neukontakte an, räumen Sie dem Anfang Zeit ein.
- Beschäftigen Sie sich intensiv mit Ihrer Privatsphäre und der Frage, wie Sie angesprochen werden wollen.
- Achten Sie darauf, dass Ihr Profil so „schlank" wie möglich bleibt.
- Behalten Sie immer Ihre Ziele vor Augen.
- Gehen Sie sicher, dass Ihre Kontakte ein Bild von Ihnen im Hinterkopf abgespeichert haben, das im Bedarfsfall an Ihre Person erinnert!

3.4 Die Aktionsfläche nutzen, um Unterstützung zu liefern

Wie kehren zurück zum Bild des Netzwerkraumes, den Sie sich so solide wie möglich aufbauen. Jetzt geht es um die Räume, die zwischen den persönlichen „Schaufenstern" der LinkedIn-Mitglieder liegen. Die „Passage in der Shoppingmall" bietet Möglichkeiten für Aktionen im halböffentlichen Netzwerkraum, über die Updates (Statusmeldungen) im Newsstream.

So richtig große Shoppingmalls haben auch Kinos und/oder Theater. Auf LinkedIn sind die Mitmachbühnen die Gruppen und die Kinos – mit wenig, aber wirkungsvollem Gestaltungsspielraum für Sie als Mitglied – die Unternehmensprofile (die zugleich die Bühnen der Unternehmen sind). Mehr dazu: *http://bit.ly/Whitepaper-Unternehmensprofile*

Abbildung 3.34: *Social-Network-Bedürfnispyramide*

Erst heute früh las ich einen interessanten Beitrag im LinkedIn-Influencer-Programm auf LinkedIn Today *http://bit.ly/3-words-will-transform-your-life* von Bruce Kasanoff, einem amerikanischen Marketing-Leuchtturm. Kasanoff schreibt:

*Every time you encounter another person, think: **help this person**. It's not altruistic. Nothing else can so quickly supercharge your career and improve the quality of your life.*

*When you walk into Starbucks for a coffee, think **help this person** about the barista who serves you. Instead of being frustrated that he isn't moving fast enough, see if you can make him smile. Better yet, tell him to keep the change.*

*When the phone rings on a busy day, don't get frustrated by the interruption. Think **help this person** while you answer the phone. Doing so will change your demeanor, your thought process, and the entire interaction.*

Denken Sie daran, wie Sie für Ihr Gegenüber ein Problem lösen können. Dieser Gedanke wird Sie auch im Social-Media-Business-Networking in Ihrer Karriere nach vorne bringen. Die Grundhaltung, andere sinnvoll zu unterstützen, wird sicher immer Ihrem Ruf vorauseilen und so lange Gutes für Sie bewirken, wie Sie sich beim Helfen kein „Bein ausreißen", sondern geben, was Sie so oder so haben. Das was Sie eben können. Aber passen Sie auf eine zweite Regel auf:

3.4 Die Aktionsfläche nutzen, um Unterstützung zu liefern

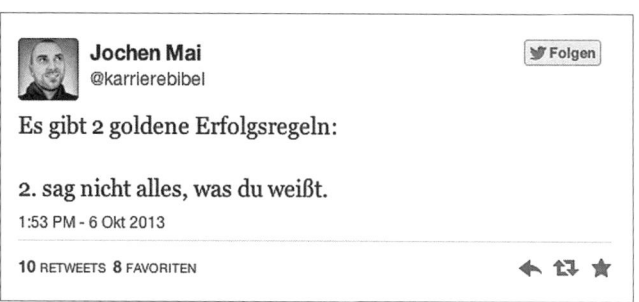

Abbildung 3.35: *Goldene Erfolgsregeln*

Was ich „kein Bein ausreißen" nannte, formuliert @Karrierebibel anders: Geben Sie immer nur so viel, dass ein vertiefendes Gespräch notwendig ist.

In Positionierungsberatungen sind die ersten zwei Schritte immer selbstverständlich. Ab der Stufe, bei der es darum geht, den Netzwerkraum so zu „füllen", dass Kontakte immer wieder mal an Sie erinnert werden, damit Sie in deren Hinterkopf bleiben, kommt immer die Frage: „Ja, wann soll ich das denn tun und was soll ich schreiben?"

Bitte entspannen Sie sich und machen mal kurz eine Lockerungsübung, denn Sie müssen gar nicht zwingend aktiv Inhalte verfassen, wenn Ihre Zeit knapp ist. Sie sollen und müssen kein Social-Media-Spezialist werden. Sollten Sie sich weiter in Richtung Kommunikation 2.0 bewegen ist das OK. Das kommt mit der Zeit, wenn Sie Gefallen daran finden.

Es geht im Business-Networking darum, eine Beziehung mit Ihrem Netzwerk im Netzwerkraum zu ermöglichen – eine Beziehung zu Ihren Schulkameraden, Kommilitonen, Kunden, Projektpartnern, Wunschkontakten in Wunschunternehmen Ihrer Zukunft, Kontakten, die Sie auf Konferenzen und Events kennenlernen etc.

3.4.1 Die Startseite mit Updates (Nachrichtenstream)

Wie gesagt, handelt es sich dabei um „die Passage zwischen den Schaufenstern", in die diverse Informationen anderer, auch der Unternehmen und Gruppen, sowie Jobangebote einfließen. Bevor wir uns die Netzwerkaktivitäten anschauen, möchte ich Sie einladen, schon jetzt möglichen Data-Overflow zu vermeiden, und Sie bitten, sich mit Ihren Einstellungen des „Datenstroms Ihrer Netzwerkaktivitäten" zu beschäftigen.

Abbildung 3.36: *Screenshot: http://bit.ly/LinkedIn-Newsfeed-Einstellungen*

3.4 Die Aktionsfläche nutzen, um Unterstützung zu liefern

Über diese Optionen hinaus haben Sie auf Ihrer Startseite die Möglichkeit, einzelne Kontakte auszublenden und Ihre Ansicht auf bestimmte Informationstypen einzuschränken:

- aktivste, aktuellste Mitteilungen und nur Mitteilungen
- Wer hat neue Kontakte?
- Profiländerungen
- Gruppenpostings und Kommentare verfolgter Artikel
- News inkl. Influencer (Meinungsbildner)
- Unternehmensnachrichten inkl. Jobs
- eigene Updates

Mitteilungen kommentieren

Aktiv mitlesen ist eine der wichtigsten Aufgaben in sozialen Business-Netzwerken, denn wir sind ausschließlich auf visuelle Impulse beschränkt; weder Gehör noch Geruch noch der Tastsinn unterstützen bei der Wahrnehmung des Netzwerkraums. Je genauer Sie versuchen wahrzunehmen und je mehr Sie sich auf Ihre Intuition verlassen, die mit ein wenig Übung einiges auf LinkedIn unterstützend beitragen kann, desto klarer werden Sie sich auf Gespräche in den Netzwerkräumen einlassen können.

3 ❖ Ihr persönlicher Erfolgsraum auf LinkedIn

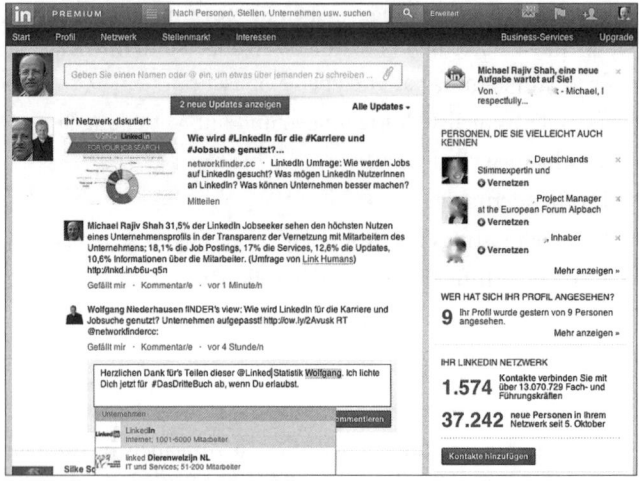

Abbildung 3.37: *Screenshot Newsstream mit einem Dank-Kommentar*

Mit den meisten Newsarten können Sie wie folgt interagieren:

- Gefällt mir/like (löst passive Nachricht aus)
- Kommentieren/comment (löst passive Nachricht aus)
- Mitteilen/share (aktiv inkl. Twitter, aber eingrenzbar)

Tipp

Durch <@NamedesUnternehmens> oder <@NamedesKontakts> können Sie Unternehmen und Kontakte markieren (mention/erwähnen) und in die Diskussion holen.

3.4 Die Aktionsfläche nutzen, um Unterstützung zu liefern

Ihre Startseite ist in unterschiedliche Abschnitte aufgeteilt.

Abbildung 3.38: *Screenshot Startseite*

Die Veröffentlichung einer Nachricht durch Sie kann sowohl das Hochladen einer Datei als auch das Teilen einer Nachricht mit oder ohne Link sein.

> **Hinweis**
>
> Am unteren Ende der Webseite befinden sich mehrere Funktionen, die Sie von überall her erreichen können. Sollten Sie auf der Startseite versuchen, ganz herunter zu scrollen, verlängert das System den Newsstream automatisch. Gehen Sie einfach zu einer anderen Stelle und Sie umgehen das Problem. Gilt übrigens auch bei XING.

Sicherlich lesen Sie Nachrichten zu Ihrem Fachbereich im Internet. Ich habe einen Vorschlag, damit Sie leichter aktiv werden können: Ziehen Sie mit einem Mausklick den LinkedIn-Mitteilen-Button (Bookmarklet) in Ihren Browser *(http://linkd.in/ LinkedIn_Bookmarklet)*.

Gewöhnen Sie sich an, hin und wieder Artikel, die zu Ihren Zielen und Ihrem Netzwerk passen, zu teilen und den Beitrag durch Ihren Kommentar, Ihre persönliche Note zu ergänzen. Wenn Sie dann auch noch Kontakte durch Markieren <@Kollegen aus der Forschungsabteilung> hinzufügen, dann haben Sie einen großen Schritt in die aktive Netzwerkkommunikation getan.

> **Hinweis**
>
> Ihre Take-aways:
>
> ▶ Planen Sie regelmäßig Zeit zur Netzwerkpflege in Ihrem Kalender ein.
> ▶ Tun Sie das auch, nachdem der erste große Aufwand für Profil und bestehende Kontakte vorbei ist.
> ▶ Wenn Sie aktiv mitlesen und auf die Kommunikation Ihrer Kontakte eingehen, ist das schon ein großer Schritt, um sich in Erinnerung zu bringen.
> ▶ Nutzen Sie auch die Möglichkeiten zur Gratulation.
> ▶ Teilen Sie interessante Nachrichten, die Sie gelesen haben.

3.4.2 LinkedIn-Gruppen – (Social-Network-) Theater zum Zuschauen, Mitmachen und zum Qualifizieren von Kontakten

Gruppen (geschlossene und öffentliche) sind die Versammlungsräume, in denen Menschen weniger „zufällig" als im Newsfeed zusammenkommen, da man sich zu einem bestimmten Thema oder einer Gemeinsamkeit in einem technisch mehr oder weniger (un-)begrenzten Raum trifft. Denken Sie daran, dass mit Ihren Gruppenaktivitäten immer auch eine passive Mitteilung an Ihr Netzwerk ergehen kann. Das ist dann so wie bei einem Konzert im Stadion, das weiter hinten einen großen Monitor installiert hat, über den die anderen Ihnen auch von weiter weg auf der Bühne zuschauen können. Über diese Möglichkeit bekommen auch Ihre LinkedIn-Kontakte Ihre Gruppenaktivitäten mit, die sich für das Gruppenthema nicht interessieren. Vorausgesetzt, Sie haben das so eingestellt.

Gruppen auf LinkedIn als Räume wie Theater oder Kinos in großen Einkaufszentren zu sehen, macht es Ihnen leichter, eine Gruppe als Raum zu betrachten, in dem es um unterschiedliche Möglichkeiten der Inszenierung geht. Auch wenn Sie keine Gruppe moderieren wollen, ist es sinnvoll, dass Sie sich zumindest kurz in die Rolle der Gruppenmoderatoren eindenken, um zu sehen, womit Sie sich bei einem für Sie persönlich oder für Ihre Karriere relevanten Thema so einbringen können, dass der größte Nutzen im Sinne von „help this person" entstehen kann.

Beim Theater, einem Konzert oder einem Film gibt es grundsätzlich drei unterschiedliche Arten von Beteiligten und immer auch eine vierte Gruppe:

- Intendant, Produzent, Komponist, Buchautor, Dirigent (entspricht den Moderatoren)
- Regisseure, Bühnenbild, Technik (entspricht den Co-Moderatoren)
- Darsteller, Musiker, Akteure (entspricht grundsätzlich allen Gruppenmitgliedern)
- Zuschauer (entspricht grundsätzlich allen Gruppenmitgliedern)

In einer LinkedIn-Gruppe haben Sie aufgrund der Verbindung zum Thema die Chance, Darsteller zu werden oder auch „nur" zu beobachten, um beim richtigen (passenden) Thema

3.4 Die Aktionsfläche nutzen, um Unterstützung zu liefern

zu „liken", zu „kommentieren" oder „still" einer Person, die für Sie interessante Beiträge liefert, zu folgen, indem Sie den Button drücken. So nehmen Sie sich Zeit zuzuschauen, ob es wirklich ein relevanter Kontakt sein könnte, und fragen diesen, möglichst nach vorheriger Kommunikation, an. Denken Sie deswegen bei jeder Gruppe an die Mailbenachrichtigungseinstellungen!

Tipp

„Sehr geehrter Herr Blume, ich folge Ihnen schon länger aufgrund unserer Mitgliedschaft in der ‚Recruiter Community' und wie Sie durch das eine oder andere ‚Like' gemerkt haben, könnte ich mir vorstellen, dass unser Kontakt wegen […] sinnbringend ist. Ihr Michael Shah". (max. 300 Zeichen)

Sie sehen also, dass dieser Weg über Gruppen gerade wegen der Regeln zur Kontaktaufnahme mit Fremden der von LinkedIn bevorzugte ist. Und ganz gleich, wie gerade heraus Sie Amerikaner im Business wahrnehmen, sie zeigen uns aufgrund der möglichen Wege eindeutig, wie das Networking auch bei uns am besten zu Erfolgen führt:

Erst reden und dann Visitenkarten austauschen!

In Kapitel 4.3 (Recherchewerkzeug) werden Sie auch sehen, dass Sie Ihre Suchergebnisse auf alle gemeinsamen Gruppen eingrenzen können (gilt für Basismitgliedschaft – im Jobseeker Premium können Sie sie auf einzelne Gruppen beschränken).

3 ❖ Ihr persönlicher Erfolgsraum auf LinkedIn

Wie gehe ich an Gruppen heran?

Bald wird LinkedIn 7.500 deutschsprachige Gruppen haben (Dezember 2013 7.128; Mai 2013 6.272). Weltweit sind es heute (23. 12. 2013) 1.873.040 LinkedIn-Gruppen.

Ariel Eckstein, LinkedIn Generaldirektor Europa, nannte mir in unserem Treffen seine verblüffend einfache Strategie.

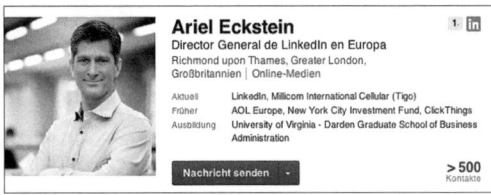

Abbildung 3.39: *Ariel Eckstein*

> **Tipp**
>
> Ariel Eckstein hat im Bezug auf Gruppenzugehörigkeit, einen Grundsatz: 5 – 3 – 1. Nicht mehr als fünf Gruppen beitreten, sich für drei entscheiden, in die wirklich Zeit investiert wird, und eine Gruppe managen *(http://bit.ly/ Ariel-Eckstein-KurierAT)*.

Das Verhältnis, bei 60 % der Gruppenmitgliedschaften auch Aktivität zu entfalten, ist sinnvoll. Ich nehme das mal zum Anlass, meine Gruppenanzahl auf 11 Gruppen zu reduzieren. Wie Sie relevante Gruppen mittels der Suche finden, können Sie in Kapitel 4.3 nachschlagen. Grundsätzlich ist das Stichwortsuchfeld von LinkedIn immer in der Browsermitte.

3.4 Die Aktionsfläche nutzen, um Unterstützung zu liefern

Denken Sie, wie gesagt, unbedingt daran, den Mailempfang zu regulieren *(http://bit.ly/Gruppennachrichten-einstellen)*.

Die wichtigsten technischen Elemente in Gruppen

Zunächst einmal vorweg: LinkedIn veröffentlichte im August den Relaunch der neuen Gruppen. Gut eine Woche lang konnte ich diese im einheitlichen Look mit der kompletten Plattform auch nutzen, bis sie wieder auf die alte Oberfläche, die ich Ihnen hier optisch abbilde (Stand 9.10.13), zurückgesetzt wurden. Daran sehen Sie, wie schnell visuelle Gewohnheiten dem Zahn der Zeit zum Opfer fallen: The Speed of Change! (siehe auch S. 15).

Abbildung 3.40: *Alte Gruppenansicht*

3 ❖ Ihr persönlicher Erfolgsraum auf LinkedIn

Das Hauptmenü in der Gruppe

- Diskussionen (so werden Artikel genannt)
- Mitglieder
- Werbung und Stellenmarkt
- Mitglieder haben die Möglichkeit, Diskussionen die in Wirklichkeit Werbung oder Jobangebote sind, durch den tiefer liegenden Melden-Knopf in *Werbung* oder *Stellenmarkt* zu verschieben.
- Suche innerhalb der Gruppe
- Mehr … (a) Updates (alle Aktivitäten inkl. Likes), (b) Ihre eigenen Aktivitäten, (c) Ihre Gruppeneinstellungen, (d) Untergruppenmenü, (e) Die Gruppenstartseite, (f) Gruppenstatistik
- eine Diskussion starten
- eine Gruppenumfrage starten *http://bit.ly/Beispiel-Umfrage*

Das Aktionsmenü

- *Gefällt mir* und *Kommentar*
- Beitrag folgen/nicht mehr folgen, um Benachrichtigungen zu erhalten oder abzubestellen
- Beitrag melden (*Werbung, Stellenmarkt, Spam*)

Kommunikation in LinkedIn-Gruppen kann auch das Tor zur Social-Media-Welt sein

Mal angenommen, Sie haben Ihre Social-Media-Aktivitäten bisher hauptsächlich auf Twitter oder Facebook ausgeführt und die beruflichen Inhalte, über die Sie sich austauschen wollen,

3.4 Die Aktionsfläche nutzen, um Unterstützung zu liefern

liegen gar nicht so weit entfernt von Ihren Netzwerken außerhalb von LinkedIn, dann sollten Sie diese unbedingt mit einbeziehen. Wie gesagt, wenn die Inhalte in den anderen Netzwerkraum passen.

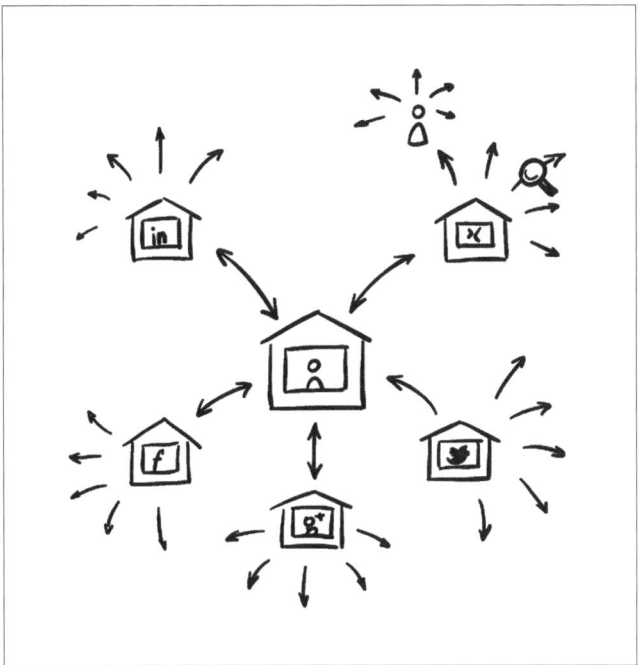

Abbildung 3.41: *Soziale Netzwerke sind Netzwerkfilialen, unterschiedliche Personenkreise können in unterschiedlichen Netzwerken zu Hause sein. Quelle: Barbara Weingartshofer, www.nau-design.at*

Twitter können Sie wie folgt verwenden:
- Verknüpfen Sie Ihr Twitterkonto/Ihre Twitterkonten mit LinkedIn *http://linkd.in/Twitter_settings*.
- Wenn Sie eine Mitteilung in Ihrem Netzwerk teilen, haben Sie sowohl innerhalb der Plattform als auch beim Teilen über das Bookmarklet und bei Sharebuttons auf Webseiten die Möglichkeit, ein Twitterkonto, Gruppenveröffentlichungen und einzelne Nachrichten an Kontakte auszuwählen.

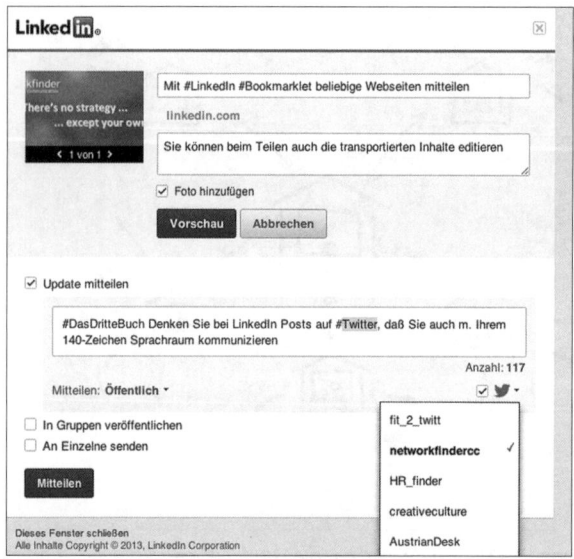

Abbildung 3.42: *Optionen beim Teilen*

3.4 Die Aktionsfläche nutzen, um Unterstützung zu liefern

- Innerhalb von Gruppen bieten sich leider inzwischen keine direkten Möglichkeiten mehr, um Diskussionen oder Kommentare innerhalb von LinkedIn oder in anderen Netzwerken zu teilen (siehe auch S. 15 „The Speed of Change").
- Zum Thema „externe Werkzeuge wie Hootsuite und Buffer", die über die LinkedIn-Schnittstelle von außen auf LinkedIn zugreifen können, siehe *http://bit.ly/LinkedIn-Schnittstellen*.

Bitte denken Sie beim Teilen von Informationen aus dem LinkedIn-Raum heraus immer daran, dass die Sprache und Informationslänge in jedem Netzwerkkontinent andere Voraussetzungen hat. Twitter hat inkl. Link nur 140 Zeichen Platz für die Essenz Ihrer Information.

Meine persönlichen Erfahrungen im Laufe der letzten Jahre zeigen, dass Mitteilungen, bei denen ich mir die Zeit für den jeweiligen Netzwerkraum (Facebook, G+, XING, LinkedIn oder Twitter) genommen habe, i.d.R. auch wirksamer sind als mit einem Knopfdruck über alle Netzwerke und Gruppen verteilte Informationen.

> **Hinweis**
>
> Ihre Take-aways:
>
> ▶ In Gruppen können Sie interessante Netzwerkpartner über Inhalte kennenlernen und ihnen folgen.
>
> ▶ Gruppen eignen sich besonders dazu, andere Mitglieder thematisch zu unterstützen und somit Ihre Expertise zu unterstreichen.
>
> ▶ „Reden ist Silber und Zuhören ist Gold" – hören Sie aktiv zu und abonnieren Sie Diskussionen und Gruppennews.
>
> ▶ Auch mit einer einfachen Mitgliedschaft können Sie Diskussionen moderieren, indem Sie Kontakte zu einer für diese möglicherweise interessanten Diskussion über die Mitteilen-Funktion einladen.

3.4.3 Unternehmensprofile und deren Wert für Ihre Karriere

Eine britische Umfrage von „Link Humans" mit 252 Jobsuchenden zu LinkedIn ergab spannende Erkenntnisse zum Umgang mit LinkedIn generell und LinkedIn Unternehmensprofilen insbesondere. Sie können sich die Fragen auch selbst beantworten.

Frage: Wie haben Sie sich für Ihre jetzige Arbeitsstelle beworben?

▶ 15,5 % antworteten mit „über die Unternehmenswebseite"
▶ 16,2 % „mit Online Stellenbörsen"
▶ 30,0 % antworteten „über persönliche Beziehungen"

3.4 Die Aktionsfläche nutzen, um Unterstützung zu liefern

Frage: Haben Sie jemals vor einer Bewerbung LinkedIn für eine Recherche über das Unternehmen verwendet?

- 79,5 % antworteten mit „Nein"
- 20,5 % mit „Ja"

Frage: Folgen Sie LinkedIn Unternehmensprofilen?

- 90,5 % antworteten mit „Ja"
- 9,5 % mit „Nein"

Frage: Nehmen Sie an Gruppenaktivitäten teil?

- 88 % antworteten mit „Ja"
- 12 % mit „Nein"

Was glauben Sie, ist die nützlichste Eigenschaft eines LinkedIn Unternehmensprofils?

- 31,5 % meinten „die Verbindungen ins Unternehmensnetzwerk"
- 18,1 % meinten „Jobpostings"
- 17,0 % meinten „Informationen über Produkte & Services"
- 12,6 % meinten „aktuelle Unternehmensnachrichten"
- 10,6 % meinten „Informationen Infos über die Mitarbeiter"
- 7,5 % meinten, dass die „Top-Skills & Expertisen" es seien

Quelle: Blogposting / Infografik von *www.LinkHumans.com,* auf Deutsch hier: *http://bit.ly/LinkHumans-JobSeekers-Infografik*

Ich nehme an, der Grund, warum Sie dieses Buch lesen, ist, dass Sie sich für Ihre Karriere bei LinkedIn positionieren wollen. Ich hoffe, ich liege da richtig. Denn die Umfrage hilft zu verstehen, wie die meisten sich verhalten. So können Sie sich besser überlegen, wie Sie zu Ihrem nächsten Ziel kommen.

3 ❖ Ihr persönlicher Erfolgsraum auf LinkedIn

> **Exkurs**
>
> Wir kommen in Kapitel 4 auf Ihre Karriere zurück. Dennoch möchte ich Ihnen hier als interessantes Beispiel erläutern, wie ein Kollege von mir seine Traumstelle bei einer Wiener Agentur bekommen hat. Die Agentur, der ich übrigens die mehrfach verwendete Idee mit der Social-Media-Bedürfnispyramide zu verdanken habe, heißt Wunderknaben. Der Kollege startete ein eigene Kampagne, mit der er seinen Traumarbeitgeber fokussierte: *http://bit.ly/Wunderknabe-Traumjob*

OK, ein Agenturjob … können Sie sagen und haben natürlich recht, wenn Sie diese Möglichkeit für ein konservatives Geschäftsfeld als zu abwegig betrachten. Lassen Sie uns mal ganz genau betrachten, was der Wunderknabe gemacht hat!

1. Raoul Haslauer (@derHaslauer) hat sich an den Ort des Arbeitgebers im virtuellen Raum begeben.
2. Seine Kontaktstrategie fokussierte ausschließlich Menschen, die um die „Wunderknaben" herum in der Kommunikationsbranche unterwegs sind.
3. In einer Videokampagne sprach er den zukünftigen Arbeitgeber persönlich mit Erfolg an.

Schritt 1 und Schritt 2 sind hoffentlich auch Teil Ihrer Strategie geworden:

1. Mit Unternehmensprofilen sind Sie im Raum potenzieller zukünftiger Arbeitgeber.

2. Neue Kontakte in Richtung Ihrer Zukunft generieren Sie aus heutigem Bestand heraus.
3. Nun fehlt nur der zündende Funke, mit dem Sie sich bei einem Wunscharbeitgeber platzieren können.

Das Unternehmensprofil zeigt Ihnen die Kontakte ersten bis dritten Grades, über die Sie in das Unternehmen „hineinkommen" können, daher finden 31,5 % der Arbeitsuchenden diese Funktion sehr nützlich. Mittels der Suche können Sie noch gezielter nach Funktionen recherchieren. Wichtigste Information ist, zu wissen, ob und wie aktiv das Unternehmen auf LinkedIn ist.

Darüber hinaus posten Unternehmen (soweit aktiv) ihre Stellenausschreibungen, auf die Sie sich beziehen können. Über die *Produkte / Services* bekommen Sie einen Einblick in die Akzeptanz und Vernetzung des Unternehmens im LinkedIn-Raum. Über die Updates können Sie direkt mit den Pageadministratoren interagieren.

Wenn Sie ein Unternehmen, das Sie fokussiert haben, im Sinne von „help this person" unterstützen können oder bei Beiträgen aus Corporate Blogs denjenigen ausmachen, der über eine Problemstellung berichtet hat, dann sind Sie wieder einen kommunikativen Schritt weiter.

Die Elemente der Unternehmensprofile

Unternehmensprofile sind viel weniger interaktiv und technisch stärker auf Informationsdistribution ausgelegt als Gruppen. Hier haben Sie nur durch Interaktion die Möglichkeit, mit auf die Unternehmensbühne zu kommen, über:

- *Likes* und *Kommentare* (allerdings habe ich bisher wenige Unternehmen antworten sehen, da die Funktion recht neu ist).
- *Services und Produkte* z. B. Ihres jetzigen Arbeitgebers, die Ihnen die Möglichkeit geben, Begeisterung für das Unternehmen zu zeigen.

Zudem können Sie die Unternehmensseiten natürlich bei Ihrer Recherche nutzen, um sich zu informieren. Bedenken Sie: Wenn Sie aktiv werden, sollten Sie auf den LinkedIn-Unternehmensbühnen unbedingt darauf achten, ob Ihr Zielunternehmen dort auch wirklich aktiv ist. Sie können recht schnell an der Häufigkeit der Unternehmensupdates oder an aktiven Produkt- bzw. Serviceempfehlungen durch Follower oder Jobpostings herausfinden, ob es sich überhaupt lohnt, auf diesen Kanal persönliche Lebenszeit zu verwenden.

Tipp

Selbst wenn das Unternehmen die Chancen offenbar noch nicht erkannt haben sollte, dann erfüllen die Unternehmensseiten dennoch bei Ihrer Recherche den Nutzen, Ihnen den Weg über Mitarbeiter im Unternehmen zu zeigen. Denn Sie sehen auf den ersten Blick, über welche Kontakte Sie in die Firma verbunden sind.

Aufgrund meiner Studie mit 84 rein österreichischen Unternehmen kann ich mit relativ hoher Wahrscheinlichkeit sagen, dass Ihre Chance mit Unternehmensprofilen derzeit noch vor allem darin liegen kann, dass Sie den Weg finden, durch den Sie es mittels Kommunikation und echten Kontakten in ein Unternehmen hinein schaffen können *(http://bit.ly/Whitepaper-Unternehmensprofile)*.

3.5 Empfehlungen sind das halbe Leben

Egal welche Statistiken Sie sich anschauen, Empfehlungen von persönlich bekannten Menschen rangieren immer ganz weit oben in der Bewertung der Ursachen für Entscheidungen. Wir Mitteleuropäer wissen das zwar, aber haben Empfehlungen oder Referenzen bei Weitem nicht so stark in unseren Lebens- und Arbeitsalltag integriert wie unsere angelsächsischen Kollegen.

Im Grunde genommen basiert das ganze „Gelike" in Social Media einzig und alleine auf der Bedeutung von Empfehlungen durch Bekannte. Die Macher des Web 2.0 haben dieses Phänomen zur Grundlage der kompletten neuen Vernetzung im Internet gemacht.

Die Social-Media-Bedürfnispyramide begleitet uns nun schon durch das ganze Kapitel. Sie unterstützt uns in verschiedenen Punkten. Ein wesentlicher Grund, warum ich immer wieder gerne diese 5 Ebenen (manchmal auch 7 Ebenen of Leadership von Dr. Deepak Chopra) als Arbeitsgrundlage anbiete, ist der einfache Aufbau, der Schritt-für-Schritt-Lösungen möglich macht. Noch sehr viel wichtiger in meinem Verständnis ist, dass wir ein Gefühl für mögliche Bedürfnisstufen unseres jeweiligen Gegenübers bekommen.

Abbildung 3.43: *Social-Media-Bedürfnispyramide*

1. Physische Existenz: Ohne Profil geht gar nichts.
2. Sicherheit: Gleichgesinnte Kontakte bringen Sicherheit.
3. Soziale Bedürfnisse: werden durch aktives Netzwerken gestillt.
4. Anerkennung: Personal Branding durch Wertschätzung

Wir sind jetzt an einer Stelle angekommen, an der Sie, anders als bei Gruppenteilnahme oder Veröffentlichungen von Mitteilungen, eigentlich nicht mehr sagen sollten: „Das will ich nicht". Wertschätzung und Empfehlungen geben (und auch bekommen) ist eines der wichtigsten Erfolgsmomente in Ihrem aktiven Business-/(Karriere-)Networking.

3.5 Empfehlungen sind das halbe Leben

Das Ziel, sich als Personenmarke zu positionieren, wird ohne Beziehungspflege und Empfehlungsmanagement schwer umzusetzen sein. LinkedIn nutzt dieses Moment und bietet zwei (+eins) unterschiedliche Produkte. Diese bieten uns und unserem Netzwerk die Chance, Wertschätzung geben und erhalten zu können, die für andere sichtbar wird.

Zum einen gibt es ganz einfache Empfehlungen per One-Klick-Endorsements (Bestätigungen der Kenntnisse) und zum anderen ein tiefergehendes, ausformuliertes und persönliches Empfehlungsschreiben zwischen Geschäftspartnern, Kollegen, Kommilitonen und Kooperationspartnern, also Empfehlungen (Recommendations) von Kontakten.

Tipp

Eine Oktave darüber können Produkte und Serviceleistungen in Unternehmensprofilen entweder durch einen Klick oder Klick mit zusätzlichem Text empfohlen werden.

Wenn Sie Ihrer Firma etwas Gutes tun wollen, dann empfehlen Sie den Administratoren, ein Produkt anzulegen, für das sich z. B. Ihre Abteilung verantwortlich zeichnet. Da fällt es bestimmt auch leichter, Kunden und Projektpartner dazu einzuladen, für Ihr Unternehmen zu „voten".

Sie sollten wissen, dass Sie selbst bei noch so peniblem Vermeiden des Eindrucks, dass Sie auf Arbeitssuche seien, alleine durch Ihre wachsende Aktivität vermuten lassen können, Sie seien kurz vor der Abreise. Das muss nicht sein. →

3 ❖ Ihr persönlicher Erfolgsraum auf LinkedIn

> Vermeiden Sie das, wenn Ihr jetziger Job Ihnen (jetzt noch) bei Ihrer Lebensplanung wichtig ist. Darum können Sie auch ruhig von dem Wissen, das Sie jetzt erworben haben, Teile ins Unternehmen zurückfließen lassen, solange die Kultur dies ermöglicht.

3.5.1 Endorsements (Bestätigungen von Fähigkeiten)

Sie wissen ja schon, dass ich mich gern wiederhole. „Geben ist seliger denn nehmen" wird Ihnen dazu verhelfen, Aufmerksamkeit zu bekommen. LinkedIn hat mit den „Endorsements" ein Werkzeug eingeführt, welches eines unserer menschlichen Grundbedürfnisse bestens bedient: Anerkennung! Da das Tool ganz besonders einfach zu bedienen ist, hat es für LinkedIn den Nebeneffekt, fast unbemerkt Nutzerzeiten zu verlängern. Ein Klick genügt!

Abbildung 3.44: *Bestätigung von Kenntnissen*

3.5 Empfehlungen sind das halbe Leben

Das Wichtigste für Ihre Glaubwürdigkeit ist, dass die Begriffe auch tatsächlich zu Ihnen und der Richtung passen, in die Sie gehen wollen. Denn die Endorsements wirken sich sowohl auf Ihre Sichtbarkeit in den Themen der Suchergebnisse (oder nennen wir es auch den „Immobilienwert" der Lage Ihres Schaufensters) als auch auf Ihre Außenwirkung aus.

Abbildung 3.45: *Facebook z. B. ist eine „Fähigkeit", die nicht meinen Zielen entspricht*

Selbst wenn Sie keine eigenen Fähigkeiten einrichten, so wird das LinkedIn-System Ihre Kontakte über kurz oder lang dazu anregen, Ihnen eine Bestätigung für ein automatisch generiertes Schlüsselwort zu geben, welches das System Ihren Kontakten gemeinsam mit drei anderen Schlüsselwörtern von anderen Kontakten zum Bestätigen vorschlägt. Steuern Sie diese Bestätigungen bitte aktiv!

Hinweis

Falls Sie noch keine Endorsements von Kontakten bekommen haben, sollten Sie sich unbedingt noch einmal Gedanken über die Art Ihrer Vernetzung machen! Durchschnittlich müsste jedes LinkedIn-Mitglied bei mehr als zwei Milliarden plattformweiten Endorsements über 8 bis 10 Bestätigungen der Fähigkeiten verfügen.

Der Premium-Account auch für Jobseeker bietet eine tiefere statistische Einsicht in die Auswirkungen Ihrer „Suchoptimierungen". Da die Daten die jeweils letzten 90 Tage berücksichtigen, ist die Reaktion recht träge. Somit ist diese Funktion eher mittel- und langfristig interessant.

3.5.2 Empfehlungen (Recommendations)

Das eigentliche Problem, welches Sie mit mir und allen anderen Menschen im Berufsleben gemeinsam haben: Wir nehmen uns eigentlich alle viel zu selten gezielt die Zeit, um uns mit Empfehlungen beschäftigen.

Empfehlungen brauchen Zeit. Woher nehmen, wenn nicht stehlen? Zunächst einmal ist es eine Sache der Prioritäten und der notwendigen Entscheidung, Empfehlungen zu einem Teil des Kontaktworkflows zu machen. Sie wollen ja nur denen Empfehlungen bzw. Referenzen aussprechen, über die Sie tatsächlich etwas Aussagekräftiges, Positives zu berichten haben.

Fangen Sie doch einfach bei denen an, die als neue Kontakte hinzukommen, weil Sie diese aus Ihrer Vergangenheit kennen. Sie erinnern sich daran, bei/nach Kontaktanfrage Taggings zu vergeben. Gehen Sie außerdem immer, wenn Sie etwas schreiben oder eine Fähigkeit bestätigen können, im Anschluss hin und tun Sie es.

Das Wichtigste am Empfehlungen-Bekommen ist, auch danach zu fragen. Warum sollten Sie Ihren Prof, der auf LinkedIn ist, nicht um eine Recommendation bitten? Warum sollten Sie (auch ehemalige) Arbeitskollegen, mit denen Sie gut zusam-

3.5 Empfehlungen sind das halbe Leben

menarbeiten, nicht um eine Empfehlung bitten? Bauen Sie Ihr Netzwerk so auf, dass Sie sich mit denen verbinden, die Sie nach Empfehlungen (Referenzen) fragen können!

So gut die Referenzen im Profil zu sehen sind, so schlecht sind sie über das Menü zu erreichen.

1. Der erste mögliche Weg führt über *Profil bearbeiten*. Klicken Sie auf *Mehr* innerhalb einer schon erhaltenen Empfehlung, oder scrollen Sie zur Infobox *Empfehlungen*. Erst wenn Sie auf das Bearbeiten-Zeichen (Stift) klicken, gehen rechts daneben zwei Menüpunkte auf.

2. *Sichtbarkeit verwalten* und *Um Empfehlung bitten:* In beiden Fällen öffnet sich ein dreiteiliges Untermenü.

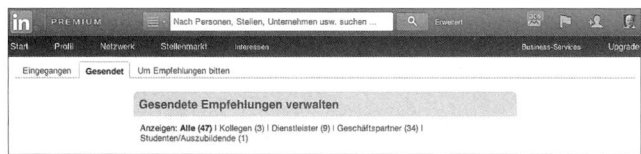

Abbildung 3.46: *Gesendete Empfehlungen verwalten*

3. Alle *eingegangenen Referenzen* können Sie hier für die LinkedIn-Öffentlichkeit (nicht Google) frei- bzw. unsichtbar schalten, aber auch nach einer Überarbeitung der jetzigen Version fragen.

4. Alle *gesendeten Referenzen* können Sie hier überarbeiten und entscheiden, für welchen Mitgliederkreis diese sichtbar sind. *Alle, Nur Kontakte* oder *Niemand* sind hier die drei Einstellmöglichkeiten.

5. *Um Empfehlungen bitten:* Tun Sie dies bitte **auf keinen Fall mit dem vorgefertigten Standardtext**, sondern lassen Sie sich (ggf. auch als eigenen Standardtext) eine individuelle, auf den jeweiligen Fall passende, persönliche Bitte um Referenz einfallen.
6. Der zweite Weg in die hier beschriebenen Möglichkeiten führt über das *Datenschutz-* und *Einstellungen*-Menü zur Referenzverwaltung.

Dass LinkedIn das, was wir bei uns in Europa Referenzen nennen, so richtig ernst nimmt, können Sie neben der Komplexität der Verwaltung daran erkennen, dass die Empfehlungsart noch einmal in vier Bereiche unterteilt wird, die wiederum genauere Unterspezifikationen haben.

- **Kollege:** Sie haben mit dieser Person beim selben Unternehmen gearbeitet. (Hier werden Hierarchieebenen Ihres und des Unternehmens des Empfängers abgefragt.)
- **Dienstleister:** Sie haben diese Person als Dienstleister für sich oder Ihr Unternehmen beauftragt. (Hier wird nach Dienstleistungskategorie, Jahr, Häufigkeit der Beauftragung und mindestens drei Eigenschaften gefragt.)
- **Geschäftspartner:** Sie haben mit dieser Person zusammengearbeitet, aber nicht als Kunde oder Kollege. (Hier ist der wesentliche Fokus die Frage, ob Kunde oder nicht.)
- **Student:** Sie haben gleichzeitig eine Ausbildungsstätte besucht. (Hier wird wie bei Kollegen das Verhältnis von Student zu Lehrer oder umgekehrt abgefragt.)

> **Hinweis**
>
> Ihre Take-aways:
>
> ▶ In keinem Netzwerk gibt es ein besser integriertes System, dem Netzwerk Anerkennung und Wertschätzung auszudrücken, als bei LinkedIn. Planen Sie sich Zeit ein.
> ▶ Denken Sie daran, erhaltene Referenzen von „wichtigen" Personen auch innerhalb des Profilabschnitts durch Verschieben in die richtige Position zu rücken.
> ▶ Weil Endorsements unmittelbar mit Ihren Schlüsselbegriffen im Suchprofil zusammenwirken, sollten Sie diese auch dann managen, wenn Sie sie nicht aktiv nutzen.

Ach ja, wenn wir schon dabei sind: Ich hoffe ja, dass Ihnen das Buch gefällt, hier ist die Stelle, dies auf LinkedIn in meinem Unternehmensprofil zu tun, ohne dass Sie mit mir vernetzt sein müssen: *http://bit.ly/LinkedIn_Unternehmensprofil.*

> **Tipp**
>
> Lesen Sie den Bonustrack „Personal Branding für Fortgeschrittene": *http://bit.ly/Personal-Branding-fuer-Fortgeschrittene-Buchleser*

3.6 Und wie komme ich jetzt mit LinkedIn zum Job?

Ein mir erst diese Woche „zugestoßenes" Beispiel: Stellen Sie sich vor, Sie haben eine „fast" wissenschaftliche Arbeit mit einer kompletten Marktanalyse und viel eindrucksvollem Umsetzungs-Know-how in Ihrem Blog veröffentlicht. Natürlich können Sie auf die Idee kommen, die betroffenen Marktteilnehmer z. B. bei einem FollowFriday auf Twitter anzuschreiben und ins Gespräch mit „der Firma" zu kommen.

Schon liest einer der Geschäftsführer Ihren Tweet, antwortet und Sie nutzen die Gunst der Stunde und verabreden sich zu einem Austausch mit ihm. So kann's gehen. In Social Networks verbergen sich Menschen nicht hinter ihren Unternehmenstüren, sondern geben Ihnen die Möglichkeit, an klassischen Wegen vorbei „menschliche" Abkürzungen zu finden.

Der fünfte Raum unserer Pyramide repräsentiert die Verwirklichung unserer Ziele und Umsetzung unserer Ideen.

Abbildung 3.47: *Social Network Hierarchy of Needs (Michael Rajiv Shah)*

3.5 Empfehlungen sind das halbe Leben

Während wir uns bisher hauptsächlich im virtuell-technischen Raum aufgehalten haben, ist die Spitze selbstverständlich das Hinüberziehen der virtuellen Verbindungen in den physischen Raum der Realität.

Am Eingangsbeispiel des Kapitels wird hoffentlich klar, dass nur der virtuelle Raum uns die Chance verleiht, an allen Geschäftsführervorzimmern vorbei mit Entscheidern ins Gespräch zu kommen. Es ist vor allem der Sinn und Zweck dieser Netzwerke, einfacher mit Menschen zusammenzukommen, die einen auf dem eigenen Weg weiterbringen können.

Der Personal-Branding-Autor Dan Schawbel (Jahrgang 1983) berichtet in *Me 2.0* über sein persönliches Anfangsproblem, einen Job zu bekommen, weil er sich auf klassische (verstopfte) Kanäle fokussiert hatte, wo der Wettbewerb unter Bewerbern besonders hoch sein kann. Ihm fehlte das Netzwerk, über das er an die wichtigsten Informationen kommen konnte. Sie kennen das Gefühl? Dann gut, dass Sie weiterlesen ;-)

Damit ist genau jenes Netzwerk gemeint, aufgrund dessen 30 % der Bewerber der Umfrage in Kapitel 3.4.3 ihre jetzigen Arbeitsstellen durch Beziehungen bekommen hatten. Es gibt Studien, die von viel höheren Zahlen der „unter der Hand vergebenen" Jobs sprechen …

Beim Berufseinstieg sind oft bestehende familiäre Verbindungen die ersten „Rutschenleger", wie man in Österreich sagt. Diese bleiben auch bis zum Lebensende die stärksten Verbindungen. Freunde haben sich von der Schulzeit an gesammelt und dehnen sich mit und nach dem Studium auf einen immer weiteren Kreis aus, von dem eine bis zwei Handvoll Menschen ein Leben lang als Freundesbeziehungen bestehen bleiben.

Das über ein Leben reichende Netzwerk umfasst häufig mehrere Hundert bekannte Menschen, die hin und wieder ab- oder auch wieder auftauchen können. Genau bei dieser Personengruppe werden Sie gerade durch LinkedIn gezielt Arbeit leisten können, die herauszufiltern, die Sie in die Zukunft tragen können. Das Werkzeug LinkedIn ermächtigt Sie, die Fäden Ihres Netzwerkes hinsichtlich realer Erfolge im beruflichen sowie persönlichen Leben zu steuern, wenn Sie sich die Zeit für Ihr Netzwerk nehmen.

„Oh je, der Shah, schon wieder mit der Zeit. Ich hab keine Ahnung, woher ich die nehmen soll?" – Ich könnte Ihnen jetzt etliche Bücher aufzählen, die bei mir alle nicht gewirkt haben, weil ich ein Mensch bin, der über Erfahrungen lernt und sich einfach die Zeit genommen hat. Einige wenige zum Teil schon durch Bücher oder Blogs institutionalisierte Ideen, die Ihnen helfen können, Ihre Social-Networking-Aktivitäten ins Reallife zu integrieren, möchte ich Ihnen aber gerne vorstellen:

▸ **2 – 3 Stunden für Meetingspaß:** Hand auf's Herz, 30 % der Zeit vieler Meetings ließen sich kürzen. Planen Sie ein Meeting pro Woche weniger, weil Sie einen festen Termin mit sich haben. (Idee: Andreas Zajiczek – *http://bit.ly/SocialComm* – ehemaliger Social Media Manager Voestalpine)

▸ **5 Stunden für Mittagesser:** Sie haben ggf. von dem Buch *Never eat alone* gehört. Anstatt alleine im Büro zu essen oder

3.5 Empfehlungen sind das halbe Leben

den immer gleichen Kollegen können Sie sich genauso mit bisher nur virtuellen Bekannten treffen.

- **Systematisches Kaffeetrinken:** Ich hoffe, Lars Hahn nimmt den Ball auf und veröffentlicht ein Buch über die systematisierte Kaffeenetzwerkmaschine. Nutzen Sie jede Gelegenheit, Menschen kennenzulernen, von denen sie glauben, dass sie sich gegenseitig bereichern können.
- **Systematische Geschäftsreisen:** Auch bei Geschäftsreisen essen Sie mindestens zweimal am Tag. Mal angenommen, Sie hätten Kontakte in der Umgebung, da ließe sich sicher etwas arrangieren.
- **Systematisches Telefonieren:** Bitten Sie interessante Kontakte von „weit-weit-weg" um ein Telefonat, bevor Sie dessen Standardkontaktanfrage bestätigen.
- **Was fällt Ihnen ein?**
- _____
- _____
- _____
- _____
- _____
- _____

Experten-Tipp von Lars Hahn (CEO LVQ Weiterbildung)

Grundsätzlich ist Netzwerken ja ein längerfristiges Unterfangen. Manchmal muss aber der Erfolg schnell eintreten, z.B. wenn der nächste Job fehlt. Was ist also zu tun, wenn die Jobsuche akut ist und Sie bisher noch wenige Aktivitäten in Sachen LinkedIn und Co. unternommen haben? Dann bedarf es eines Notfallplans fürs Netzwerken. Dafür hier meine fünf Tipps:

1. Finden Sie in LinkedIn alte Wegbegleiter aus dem Studium und der Schule. Alte Verbundenheit kann ein guter Grund für Empfehlungen sein.
2. Finden Sie in LinkedIn Kontakte aus dem Kreis Ihrer früheren Kunden oder Lieferanten. Sie erweitern damit Ihre Branchenkontakte.
3. Nehmen Sie auch die Menschen aus klassischen Bewerbungsverfahren zu Ihren Kontakten. Speziell der nette Gesprächspartner aus einem (noch) nicht erfolgreichen Vorstellungsgespräch könnte sich an Sie erinnern.
4. Besuchen Sie während der Jobsuche aktiv Veranstaltungen aus ihrer Branche wie Fachvorträge und Fachmessen. Führen Sie dort Gespräche und bleiben Sie anschließend über LinkedIn und Co. mit den Gesprächspartnern verbunden.
5. Absolvieren Sie eine kurze fachliche Weiterbildung, die zu Ihrer bisherigen Erfahrung und Ihrem Werdegang passt. Das erhöht ihre fachliche Attraktivität, bietet aber vor allen Dingen die Chance, sich mit Dozenten und mit Absolventen über LinkedIn zu verbinden und so in der Branche in Kontakt zu bleiben.

Lars Hahn ist Geschäftsführer der LVQ Weiterbildung gGmbH (www.lvq.de) und berät u. a. Hochschulabsolventen und Professionals bei ihrer beruflichen Neupositionierung.

3.5 Empfehlungen sind das halbe Leben

> **Hinweis**
>
> Ihre Take-aways:
>
> ▶ Die Wichtigkeit des Netzwerkens auf LinkedIn besteht darin, den 20 % Menschen zu begegnen, die nach dem Paretoprinzip 80 % der Richtung bringen, in die Sie wollen.
>
> ▶ Schaffen Sie sich Zeiträume, indem Sie bisher nicht sinnvoll genutzte Mittagessenszeit mit anderen verbringen, damit das Netzwerk Ihrer Zielrichtung sich wie von selbst aufbaut.
>
> ▶ Treffen Sie Freunde, finden Sie heraus, was sie beruflich tun, ob sie damit zufrieden sind und Sie für eine Stelle vorschlagen könnten. Wählen Sie sehr überlegt, denn Ihr Freund könnte der falsche Ansprechpartner sein. Vielleicht aber kommen Sie über ihn zu den richtigen Kontaktpersonen.
>
> ▶ Treffen Sie Bekannte und finden Sie so viel wie möglich über Ihr Gegenüber heraus, bevor Sie über sich reden. Stecken Sie Ihre Erwartungen nicht so hoch. Es ist schon viel erreicht, wenn Ihr Gegenüber sich Ihr Kernanliegen merkt. Sie wollen die Tür ja auch nicht für immer durch zu hohe Erwartungen verschließen.

4

Ist der Weg das Ziel, oder was ist eine Strategie?

Wenden Sie bitte den Blick vom Buch weg und schauen Sie irgendwo in den Raum, in dem Sie sich befinden. Nun fokussieren Sie den ersten Gegenstand, der Ihnen ins Blickfeld kommt. Dann sagen Sie sich: „Das möchte ich jetzt haben", und Ihr nächstes Ziel steht fest.

Aber wie bekommen Sie jetzt diesen Gegenstand? Richtig, ohne dass Sie sich auf den Weg machen, ihn zu bekommen, wird nichts daraus. Damit Sie sich nicht vorher einen Kaffee oder Tee holen, kann die einzige Strategie sein, aufzustehen, zum Gegenstand zu gehen, den Sie fokussiert haben, und ihn zu nehmen.

Damit der Weg, den Sie gehen wollen – denn gehen müssen Sie, um etwas zu bewirken –, der Ihre werden kann, starten Sie jetzt mit Ihrer Zieldefinition.

4 ❖ Ist der Weg das Ziel, oder was ist eine Strategie?

4.1 „Get what you want" heißt auch zu wissen, was Sie wollen

Strategie ist also der Weg vom Ist-Zustand (dem Platz, an dem Sie saßen) zum Soll-Zustand (Sie nehmen den Gegenstand in die Hand). Haben Sie Ihre Strategie schon entwickelt?

Es folgt ein umgeschriebener Auszug aus *Webselling – XING & LinkedIn – Die besten Erfolgsstrategien im Business-Networking.*

Exkurs

von Isabella Mader

Abbildung 4.1: *Profilvisitenkarte Isabella Mader*

Was ist denn nun eine Strategie?

Es soll ein einheitliches Bild entstehen über den Weg, den wir von unserem IST-Zustand (Sie sitzen wo, Sie sind) nehmen, um zu unserem SOLL-Zustand (Gegenstand in der Hand halten) zu gelangen. Strategie ist somit das WIE auf

➡

dem Weg von IST nach SOLL. Wir brauchen also mehrere Bausteine:

- IST – was ist die Ausgangssituation, wo stehen wir?
- SOLL – das Ziel
- GAP – was fehlt und mit welchen Maßnahmen diese Lücke zu schließen ist
- WIE – die Vision, einen erkennbaren Stil, die typische Art und Weise, wie Sie Ihre Ziele erreichen wollen und wofür Sie stehen

Ihr IST-Zustand

Was liegt derzeit vor? Kennen Sie Ihre Stärken, die Kernkompetenzen? Was läuft gut? Was läuft schlecht? Wo sind die Probleme? Welches Profil habe ich jetzt? Welche Werte habe ich?

Das ist deswegen wichtig, weil die Transparenz der sozialen Netzwerke Inkonsistenz fast zwangsläufig nach außen sichtbar macht. Ein „Heute so, morgen so" Ihrer Karrierewünsche können andere per LinkedIn (natürlich auch auf Facebook & Co.) mitverfolgen.

Davon leitet sich auch die Frage ab: Wie leben Sie Ihre Werte konsistent im Alltag? Welche zeitlichen Ressourcen haben Sie? Das ist einer der ganz zentralen Fallstricke – denn Ihre Businessstrategie in sozialen Netzwerken ist nichts, was Sie „so nebenbei" machen können. Bei den Vorschlägen im Buch handelt es sich um einen professionellen Weg, der ein

→

für Sie messbares Ergebnis haben soll – deshalb müssen Sie aber Ressourcen dafür freimachen. Ihre Strategie bestimmt Perspektive und Erfolgsaussichten.

SOLL-Zustand
Welche konkreten Ziele möchten Sie erreichen? Wie können Sie messbare Ergebnisse sehen?

GAP – was fehlt auf dem Weg von IST nach SOLL?
Hier legen Sie fest, was das Delta zwischen Ihrem IST und SOLL ist. Was ist zu tun, was fehlt? Was brauchen Sie?

So nutzen Sie vertraute Personen für Ihren Strategieprozess:

Fragen Sie Ihnen nahestehende Personen, ob diese mit Ihnen in einer Art „Kick-off-Meeting" oder „Team-Brainstorming" an Ihrer Zukunft arbeiten wollen. Das Feedback außenstehender Menschen kann sehr wertvoll sein. Selbstverständlich können Sie das auch erst im zweiten Schritt machen. Diesen Schritt sollten Sie in jedem Fall durchführen. Nehmen Sie eine Flipcharttafel zur Hilfe oder ein großes Blatt Papier auf einem großen Tisch und teilen Sie es wie folgt ein: →

4.1 „Get what you want" heißt auch zu wissen, was Sie wollen

IST	GAP	SOLL
– Probleme + Stärken, Vorteile Welche Kunden haben wir? Welches Profil haben wir? Welche Werte haben wir? Wie leben wir diese Werte im betrieblichen Alltag? Welche (personellen) Ressourcen haben wir?	Was fehlt? Was wird gebraucht? Was ist zu tun? Welche Maßnahmen wählen Sie daher aus der Toolbox dieses Buchs?	Ziele Messbare Ergebnisse Welche (neuen) Märkte/Zielgruppen wollen wir erreichen? Welches Profil wollen wir haben? Wie werden wir unsere Werte leben und durchhalten? Woran merken unsere Kunden, wofür wir stehen? Welche (personellen) Ressourcen brauchen wir?

Füllen Sie die Spalten IST und SOLL (gemeinsam) aus, so wie die Ideen genannt werden. Die Spalte GAP bleibt in dieser Runde außen vor – Sie erfahren gleich, weshalb.

Für Sie zur Orientierung: Wenn die IST-Spalte zuerst mit Problemen und Schwierigkeiten gefüllt wird, dann handelt es sich um einen problemgetriebenen Prozess. Tun Sie sich den Gefallen, in der Spalte IST nicht nur Probleme aufzuführen, sondern auch jene Dinge, die Sie gut können, wo Sie gut aufgestellt sind und was gut klappt. Ganz gleich, wie schmackhaft ich Ihnen verschiedene Funktionen gemacht

→

habe, Sie werden nur das gut umsetzten können, was Ihnen leicht fällt und was auf Ihren Stärken aufbaut.

Ist aber Ihre **SOLL-Spalte** zuerst angefüllt, dann sind Sie sozusagen in einem visionsgetriebenen Prozess. Trotzdem sollten Sie unbedingt auch die IST-Spalte füllen. Das Wichtige der **IST-Spalte** ist, zu wissen, welche Stärken und Ressourcen Sie auf Ihrem Weg unterstützen, aber auch, welche Probleme zu beheben und zu berücksichtigen sind.

Nur Ziele allein reichen eben nicht. Ihre Ziele können visionär sein, sollten aber auch messbare Ergebnisse anvisieren. Legen Sie fest, welches Profil Sie haben und kommunizieren wollen. Definieren Sie, wie Sie die Werte, die Sie kommunizieren, jeden Tag im Arbeits- oder Studienalltag leben und durchhalten. Woran wird Ihr Netzwerk merken, wofür Sie stehen?

Zur Frage, mit welchem Bild Ihre Persönlichkeit ins „öffentliche Personal-Branding-Netzwerk" eintreten soll, haben Sie im Profilkapitel ausgiebige Übungen.

Aus dem GAP ergeben sich diverse notwendige Fragen, für die es sich Antworten zu überlegen gilt:

- Was ist zu kommunizieren?
- Welche Maßnahmen wählen Sie daher aus der Toolbox dieses Buchs?
- Wo finden Sie Ihre Zielgruppen (siehe Kapitel Research)?
- Welche Ressourcen planen Sie ein? Wie viele Stunden täglich usw.? →

4.1 „Get what you want" heißt auch zu wissen, was Sie wollen

- Welchen Zeitplan sehen Sie vor? Was ist wann zu kommunizieren?
- Welche Schlagwörter (Suchbegriffe der Kunden) wollen Sie bedienen? Unter welchen Begriffen wollen/müssen Sie gefunden werden?

„The GAP" ist der Weg, die Strategie, die Sie möglicherweise tatsächlich hat aufstehen lassen, bei der Kapiteleinleitung. Der wichtigste Faktor der Strategie, den Gegenstand zu bekommen, ist die einfache Messbarkeit.

Messbare Strategiedefinition kann heißen:

- In den kommenden 72 Stunden überarbeite ich mein Profil auf den Ist-Stand, wie ich ihn wirklich heute sehe.
- In den nächsten 4 Wochen baue ich das Profil auf meine Perspektiven hin um.
- In 2 Monaten habe ich mein Netzwerk um die familiären, freundschaftlichen und bekannten Personen, die ich für potenzielle Empfehlungsgeber halte, erweitert.
- In den nächsten 6 Monaten habe ich 60 Personen (6 x 20 monatliche Arbeitstage x 0,5 Mittagessen oder systematische Kaffeetrinken) getroffen. Natürlich gehen auch 120 Treffen ;-))
- Usw.

> **Hinweis**
>
> Ihre Take-aways:
>
> ▶ Nutzen Sie unbedingt die nächsten 72 Stunden, um den Samen für den Neuanfang zu säen.
> ▶ Wenn Sie wissen, dass Sie jemanden brauchen, der Sie im Umsetzen unterstützt, dann investieren Sie in einen LinkedIn-versierten Karriere- oder Profiling-Coach. Einen davon erreichen Sie unter +43-699-17067590.
> ▶ Nutzen Sie nahestehende Personen (mindestens in einem zweiten Schritt), um das, was Sie vorhaben, mit äußerem Feedback zu begleiten.
> ▶ Fangen Sie sofort damit an, Ihre Zeit neu einzuteilen und Mittagessen etc. zukünftig für Ihre reale Netzwerkerweiterung zu nutzen.

4.2 Strategie auf die einzelnen Bereiche heruntergebrochen

Lassen Sie mich jetzt den Bogen noch einmal zu der Social-Network-Bedürfnispyramide schlagen und diese mit dem IST-SOLL-GAP-Prozess, der den sukzessiven Aufbau Ihrer Personal-Branding-Pyramide mithilfe von LinkedIn unterstützen soll, verbinden.

4.2 Strategie auf die einzelnen Bereiche heruntergebrochen

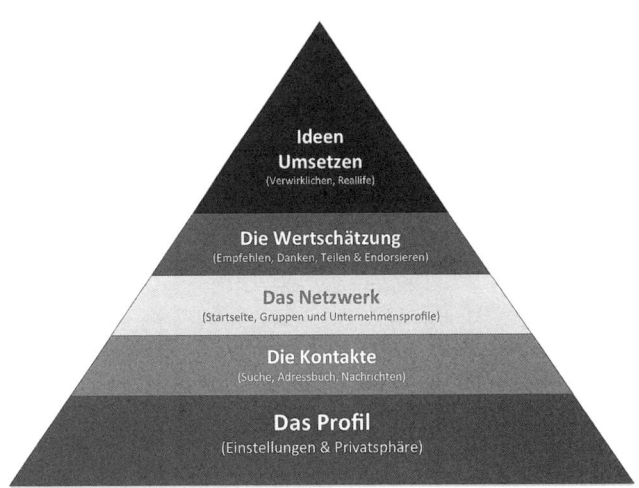

Abbildung 4.2: *Social Network Hierarchy of Needs (Michael Rajiv Shah)*

Im Grunde genommen können Sie den Gesamtprozess der Strategiefindung und Umsetzung auf alle 5 Pyramidenebenen anwenden und bekommen dadurch die Möglichkeit, den im ersten Moment sehr „monumental" wirkenden Karriereaufbau in kleinere Teilabschnitte zu filetieren.

Das hat auch einen Vorteil, wenn es um die empfohlenen Feedbackrunden mit den nahestehenden Kontakten geht: Zum Beispiel beim Profil können Sie sich von Texter-, Foto- und/oder Grafikfreunden unterstützen lassen, während Sie sich in Sachen Kontakte, Netzwerk und Empfehlungen mit besonders netzwerkstarken Freunden zusammensetzen.

4 ❖ Ist der Weg das Ziel, oder was ist eine Strategie?

Ihre Fragen zum Profil

IST-Zustand	GAP	SOLL-Zustand
Welche Profilabschnitte habe ich? Welches Foto habe ich? Welche Geschichten habe ich? Welche Projekte habe ich? Was ist für Google sichtbar? Welche Netzwerke habe ich? Privatsphäreneinstellung? … Führen Sie weiter aus!	Was fehlt? Was wird gebraucht? Was ist zu tun? Welche Maßnahmen aus der Toolbox des Buchs nutze ich?	Zusammenfassung 3 P im Selbstmarketing Zu erzählende Geschichten

Ihre Fragen zum Netzwerk

IST-Zustand	GAP	SOLL-Zustand
Wie nutze ich das Adressbuch? Wie gehe ich mit Datenschutz um? Wie nutze ich Mailkonten? Wie wird die Nutzung der Plattform angezeigt? Was für Kategorien habe ich? Wen brauche ich? ... Führen Sie weiter aus!	Wann bearbeite ich meine Wunschkontakte? Welche Maßnahmen aus der Toolbox des Buchs nutze ich?	A + B + C Netzwerk auf LinkedIn

Ermitteln Sie ebenfalls IST-Zustand, GAP und SOLL-Zustand zu den folgenden Themen: Aktionsflächen (Updates, Gruppen und Unternehmen), Branding (Inhalte und Netzwerkempfehlungen) sowie Umsetzung/Zielüberprüfung.

4.3   LinkedIn als Recherchewerkzeug

„Würdest Du mir bitte sagen, wie ich von hier aus weitergehen soll? „Das hängt zum großen Teil davon ab, wohin Du möchtest", sagt die Katze in Lewis Carrolls Alice im Wunderland.

Wenn eines hoffentlich klar ist, dann die Tatsache, dass Sie **DA**hin wollen **WO'S** die Kontakte und Inhalte gibt, die auf

4 ❖ Ist der Weg das Ziel, oder was ist eine Strategie?

den beruflichen Weg führen, den Sie sich vielleicht sogar durch dieses Buch begonnen haben auszumalen. Im sehr empfehlenswerten Buch *Trojanisches Marketing* von Roman Anlanger und Wolfgang Engel wird diese Strategie deswegen auch **DAWOS**-Strategie genannt.

Wie Sie die Suche auf LinkedIn dazu nutzen, in unterschiedlichen Räumen die für Sie wichtigen Kontakte, Stellenangebote, Unternehmen, Gruppen und Hochschulen zu finden, ist der Inhalt dieses Kapitels.

Grundsätzlich hat LinkedIn eine **Standard**- und eine **erweiterte Suche**. Das Ergebnis der Standardsuche ist i. d. R. ein Angebot aus Personen, Stellenangeboten, Unternehmen, Gruppen und Hochschulen. Um nur Ergebnisse eines Typs insbesondere Mailnachrichten zu erhalten, stellen Sie dies per Mouse-Over links neben dem LinkedIn-Standard-Suchfeld ein.

Abbildung 4.3: *Standardsuche – befindet sich immer in der Menümitte*

Ganz gleich, in welchem „Raum" Sie suchen, bietet Ihnen das System schon während der Eingabe den Buchstaben entsprechende Auswahlmöglichkeiten von Personen, Gruppen, Unternehmen und Universitäten an – werden sie dadurch noch nicht fündig, einfach *Enter* drücken.

Die sich öffnende Anzeige ermöglicht das Eingrenzen sämtlicher Suchbereiche nach unterschiedlichen Kriterien, deren Anzahl von der Art Ihrer Mitgliedschaft abhängt.

4.3 LinkedIn als Recherchewerkzeug

Die *Erweiterte Suche* bietet eine bestimmte Anzahl einzeln durchsuchbarer Datenfelder:

- Stichwörter (durchsucht alle Textbestandteile in Profilen)
- Vorname und Nachname
- Position und Unternehmen
- Ausbildungsort
- Auswahl des Ortes

Multiple Auswahlfelder:

- Beziehungsgrad
- Standort
- Branche
- Frühere Unternehmen
- Ausbildungsstätte
- Profilsprache

Premium-Auswahlfelder:

- Gruppen
- Jahre Berufserfahrung
- Tätigkeitsbereich
- Karrierestufe
- Interessiert an
- Unternehmensgröße
- Fortune
- Mitglied seit

Alle diese Filter ermöglichen Ihnen das Eingrenzen Ihrer Suche, um vorhandene Ergebnisse auf Ihre Bedürfnisse anzupassen. Die grundsätzliche Lernaufgabe ist das richtige Denken der Suchsyntax, welches im Internet (ebenso auch in Google) durch Suchoperatoren gesteuert wird.

Details zur Datenfeldsuche finden Sie unter *http://bit.ly/Boolesche-Suchoperatoren-bei-LinkedIn*.

4.3.1 Die Personen finden, die Sie in Zukunft unterstützen könnten

Notieren Sie sich einen bis drei Begriffe, die Ihrer Ansicht nach am besten zu den Personen führen, mit denen es sich lohnen könnte, sich in den nächsten 6 Monaten zu einem „systematischen Mittagessen" zu treffen.

Damit die Ergebnisse plastischer werden, können Sie sich an dieser Stelle einen Schmierzettel nehmen und ein paar Gedanken über die Eigenschaften aufschreiben, die diese Personen erfüllen sollten.

Ein paar Beispielfragen aus der DAWOS-Strategie, die dorthin führen:

- Was machen Ihre Zielpersonen in ihrem privaten und beruflichen Alltag? An welchen Orten halten sie sich auf? Wo verbringen sie ihre Freizeit? In welchen Gruppen könnten sie sich aufhalten? Mit welchen Menschen kommunizieren sie gerne?
- Gibt es grundsätzliche Fragestellungen, mit denen sich Ihre Zielgruppe beschäftigten? Welche Sorgen könnte Ihre Zielgruppe haben? Gibt es besonders emotionale Punkte, die Ihre Zielgruppe beschäftigen?

- Was hat Ihre Zielgruppe für einen Lebensstil?
- Welche kulturellen Hintergründe hat Ihre Zielgruppe? Welche Veranstaltungen besucht Ihre Zielgruppe?
- Wie sieht der Medienkonsum Ihrer Zielgruppe aus? Sind Sie Printleser, Webleser? Welche Art sozialer Medien nutzt Ihre Zielgruppe am ehesten? Welche Produkte konsumiert Ihre Zielgruppe?

Mein Suchbeispiel:

(Weiterbildung) AND ("Human Resources" OR HR OR "Employer Branding") AND (Blog OR Natur OR nachhaltig OR sustain OR "Social Media") = Personen, die Weiterbildung UND Human Resources, HR oder Employer Branding UND Blog, Natur, nachhaltig*, sustain* oder Social Media im Profil haben. Ich bekomme jetzt insgesamt 126 Personen angezeigt. Bemühe ich mich, z. B. Personalberater und Arbeitsvermittler auszugrenzen, füge ich **NOT (Personalberatung OR Arbeitsvermittlung)** bei, so reduziert sich mein Ergebnis auf 116, auf 98, wenn ich „Trainer" ausgrenze.

Beziehung	▲	Beziehung	▲
✓ Alle		✓ Alle	
☐ Direkte Kontakte	(4)	☐ Direkte Kontakte	(4)
☐ Kontakte 2. Grades	(54)	☐ Kontakte 2. Grades	(48)
☐ Gruppenmitglieder	(16)	☐ Gruppenmitglieder	(11)
☐ Kontakte 3. Grades un…	(63)	☐ Kontakte 3. Grades un…	(60)

Abbildung 4.4: *Links: Suche komplett, rechts: inkl. Ausschluss NOT*

4 ❖ Ist der Weg das Ziel, oder was ist eine Strategie?

Durch weitere Filter wie Standort, Branche, Frühere Unternehmen, Ausbildungsstätte, Profilsprache können Sie das Ergebnis jetzt so auf Regionen eingrenzen, dass das „systematisch" Mittagessen oder Kaffeetrinken für die nächsten 6 Monate Formen annehmen kann.

Mein Filterergebnis für Österreich und Umgebung Köln (ich bin ja Düsseldorfer) beträgt 22 Personen ohne Trainer und 28 inkl. Trainer (denn es ist ja nur eine Stichwortausgrenzung). Die Ausgrenzung über das Datenfeld *Position* ist da exakter. Ein, zwei weitere Suchkombinationen und Sie haben das nächste halbe Jahr genug Perspektiven, die richtigen Menschen zu treffen. So viel zur Suche für Basismitglieder.

Warum das LinkedIn-Premium sich rechnet, zeigt Ihnen ein kleiner weiterer Schritt, die die Premium-Filter an Sucheffizienz bringen:

- ▶ 17 der 28 sind länger als 10 Jahre im Berufsleben, 11 weniger als 10
- ▶ Es ist 1 Geschäftsführer, 1 Vice President und 1 Direktor darunter
- ▶ 21 der 28 sind interessiert an Branchenexperten
- ▶ 7 (lediglich 27 % sind Unternehmen zugeordnet) arbeiten in Unternehmen größer 500 Mitarbeiter, 5 in welchen kleiner 200 Mitarbeiter.

![in] Jahre an Berufserfahrung ▲		![in] Interessiert an ▲	
☐ Alle		☑ Alle	
☐ Weniger als 1 Jahr	(0)	☐ Branchenexperten	(21)
☐ 1-2 Jahre	(2)	☐ Berater/Freiberufler	(20)
☐ 3-5 Jahre	(3)	☐ Unternehmen	(20)
☐ 6-10 Jahre	(6)	☐ Erneute Kontaktaufna...	(20)
☑ Mehr als 10 Jahre	(17)	☐ Geschäftskontakte	(19)

Abbildung 4.5: *Premiumsuchfilter, die sehr zielführend sind*

So, jetzt sind Sie aber wirklich an der Reihe, probieren Sie jetzt bitte eine Suche, die zu Ihren Belangen passt!

1. Was möchten Sie im Profil des Gegenübers finden?
2. Welche unterstützenden UND-Faktoren sollten hinzukommen?
3. Welche OR-Faktoren (Synonyme) vergrößern das Suchfeld sinnvoll?
4. Welche ausgrenzenden NOT-Eigenschaften möchten Sie verwenden?

Bitte jetzt wirklich tun. In vier Wochen werden Sie es nicht tun, oder von vorne anfangen müssen. Ziemlich sicher jedenfalls ;-)

4.3.2 Arbeitsstellen finden, die zu Ihrem Zukunftsweg passen

Auch hier können Sie Ihre Suche mittels „boolescher Suchoperatoren" eingrenzen und auf viele der zuvor erläuterten Filtermöglichkeiten zurückgreifen. Mit folgender Suche z. B. konnte ich die reinen „Social Media"-Anzeigen heute von 4 auf 15 relevante Suchergebnisse in Österreich (191 auf 461 in Deutschland und von 39 auf 73 in der Schweiz) erhöhen, ohne jedes Mal eine komplett neue Eingabe tätigen zu müssen: *Trainer OR Coach OR Consultant OR Berater OR „Social Media Manager" („Social Media" OR PR OR „Public Relations" OR Blog OR LinkedIn OR XING OR Twitter)*.

Die für Sie wichtigste Information, die in der Suchausgabe bekannt gegeben wird, ist die über Ihre persönliche Vernetzung in die Unternehmen hinein (Kontakte zweiten Grades). Hier können je nach Kontakt ins Unternehmen sogar zwei Wege wunderbar kombiniert werden. Wenn Sie ganz bis zum Schluss blättern, bekommen Sie weitere Ergebnisse außerhalb von LinkedIn.

Beziehung ▲	**Unternehmen** ▲
☑ Alle	☑ Alle
☐ Direkte Kontakte (69)	☐ Deloitte (48)
☐ Kontakte 2. Grades (438)	☐ Bombardier Inc. (40)
☐ Kontakte 3. Grades un... (23)	☐ Deutsche Telekom (28)
Standort ▲	**Berufserfahrung** ▲
☑ Alle	☑ Alle
☐ Deutschland (461)	☐ Nicht relevant (156)
☐ München und Umgeb... (113)	☐ Praktikum (125)
☐ Berlin und Umgebung,... (78)	☐ Berufseinsteiger (83)
☐ Köln und Umgebung, ... (67)	☐ Mittleres Management (64)
☐ Frankfurt am Main und... (46)	☐ Grundlegende Erfahrung (28)
	☐ Direktor (4)
	☐ Geschäftsführer (1)

Abbildung 4.6: *Filtermöglichkeiten von Stellenangeboten*

4.3 LinkedIn als Recherchewerkzeug

Weg 1 – über einen Kontakt (ggf. zweiten Grades) ins Gespräch kommen: Hier kann es wirklich darauf ankommen, wie gut Sie bzw. gut Ihr Kontakt im Unternehmen vernetzt ist. Gerade, wenn eine Position nicht 100 %ig passt, aber das Unternehmen, können Sie über einen initiativen Kontakt bei der nächsten Ausschreibung schon ein paar Schritte weiter sein.

Weg 2 – die klassische Bewerbung, die auf LinkedIn entweder per LinkedIn-Bewerbung oder über die Unternehmenswebseite versendet wird.

Die mobilen Internetanwender unter Ihnen (lt. LinkedIn-Talent-Blog kommen 30 % der Jobansichten von Mobile Devices) bitte ich, sich noch ein wenig bis zum Kapitel 4.4 zu gedulden, wenngleich ich hier auch schon kurz auf mobile Stellenanzeigen eingehen werde.

Der Bewerbungsvorgang per LinkedIn gliedert sich, wie gesagt, in zwei Möglichkeiten: (a) Bewerbung über LinkedIn oder (b) Direktlink zur Karriereseite. Das gilt theoretisch ebenso für die mobile Anwendung. Aber dies setzt die Nutzung einer speziellen LinkedIn-Recruitersoftware durch das anbietende Unternehmen voraus, was oft (noch) nicht der Fall ist. Und selbst wenn es diese Voraussetzung gibt, so kommt diese „Bewerbung" ohne Lebenslauf einem Link zu Ihrem Profil gleich.

In der Browservariante bewerben Sie sich beim dem Stellenanbieter dann mit Ihrem Profil, wenn das Angebot nicht mit der Karriereseite verlinkt ist. Natürlich ist auch ein Anschreiben und der Upload eines Lebenslaufes standardisiert vorgesehen.

Die meisten Unternehmen jedoch nutzen ihren eigenen Bewerbungsprozess.

4.3.3 Recherche nach und in Unternehmen

Auch für die Unternehmensprofilsuche gelten die gleichen Einschluss- und Ausschlusskriterien wie in den schon besprochenen Suchen. Was sich hier wiederum ändert, sind die Filterkriterien, die bei Unternehmen folgende Inhalte umfassen:

- Beziehung (Kontaktgrade)
- Standort (geben Sie hier händisch Land/Region Ihrer Wahl ein)
- **Filter der Unternehmen mit Karriereangeboten**
- Branchenzugehörigkeit der Unternehmen
- **Filter der Unternehmensgrößen**
- Unternehmensprofil Followeranzahl

Aus Karriereperspektive können die Ergebnisse sowohl kurzfristigen Zielen (Karriereangebote ja/nein) als auch langfristigen Networking-Gesichtspunkten (Kontakte in die Unternehmen) dienlich sein.

4.3.4 Recherche im „Mitmachtheater"

Bei den „Theaterbühnen" der Gruppen auf LinkedIn gibt es aus meiner Sicht leider eine wesentliche Verschlechterung, seit ich das erste Buch über LinkedIn schrieb. Bis vor wenigen Monaten gab es eine sog. „Updatesuche". Diese durchsuchte alle auf LinkedIn verfassten Meldungen nach gewünschten Schlüsselwörtern. Diese ließen sich nach allen kennengelernten Facetten filtern, sodass Sie auf diesem Weg u.a. auch auf interessante Gruppendiskussionen stoßen konnten. Das höchst spannende Werkzeug fiel leider aufgrund der geringfügigen Mitgliedernutzung weg.

Der jetzt noch existente Weg der LinkedIn-Gruppensuche lässt die Suchmaschine leider nur auf die Eingangspforten und aufgestellten textlichen „Roll-ups" der Gruppenmoderatoren schauen. Bei der Suche nach Gruppen bleibt uns also leider nichts anderes übrig, als die bekannten Filterkriterien dazu zu nutzen, nicht zu tief in die Gruppensuche abzustürzen:

- Boolesche Suchoperatoren
- Beziehungsgrade
- Kategorien (Ihre Gruppen, Offene Gruppen, Nur für Mitglieder lesbar)
- Sprachen

Tipp

Gruppenspams auf LinkedIn sind aufgrund der leichten Automatisierung von Nachrichten in das Netzwerk leider an der Tagesordnung. Geschlossene Gruppen neigen weniger dazu, Spammeldungen zu verbreiten.

4.3.5 Durchsuchen Ihres Postfachs

Das LinkedIn-Mailsystem ist sehr leistungsfähig, sodass die eine oder andere Art der Businesskommunikation durchaus von einem sonst üblichen Mailverkehr auf LinkedIn verlagert werden

4 ❖ Ist der Weg das Ziel, oder was ist eine Strategie?

kann; aktuell wird es neu gelauncht. Die boolesche Suche funktioniert auch im Postfach.

Tipp

Der einzig sinnvolle Postfachworkflow, den Sie sich angewöhnen sollten, ist, erledigte Nachrichten per Mausklick zu archivieren, sodass nur Kommunikationsvorgänge im freien Postfach verbleiben, die Sie gern noch beantworten/bearbeiten möchten.

Hinweis

Ihre Take-aways:

- ▶ Die wichtigsten Filter der Suchergebnisse sind die, die Sie an Personen heranführen, die Ihren weiteren Weg unterstützen können.
- ▶ Die booleschen Suchoperatoren sind semantische Werkzeuge, um ein vorher erdachtes Ergebnisbild mit Eingrenz- und Ausschlussfaktoren so formulieren zu können, dass die Maschine versteht, was Sie suchen.
- ▶ Ihre gespeicherten Suchen liefern Ihnen regelmäßig Veränderungen zu Ihren Suchbegriffskombinationen.
- ▶ Grenzen Sie den Personen-, Unternehmens- und Gruppenkreis so weit ein, dass sie ein „verdauliches" Pensum an Neukontakten für die kommenden 6 Monate haben. Lieber kleine Schritte als gar keine.

4.4 Mobile Revolution im Business-Netzwerk

Als der neue Papst gewählt wurde, gingen zwei Bilder um die Welt, die die Geschwindigkeit der technischen Entwicklung zeigen. Das erste Bild war eine Aufnahme aus dem Jahr 2005 zur Verkündung des Antritts von Papst Benedikt XVI mit einem Fotohandy, das zweite eines zur Verkündung des Franziskus mit einem Meer von Smartphones und Tablets *(http://bit.ly/SpeedOfChange)*.

Wir brauchen gar nicht so weit weg zu gehen. In öffentlichen Verkehrsmitteln wird klar, dass Smartphone-Nutzung schon lange nichts mehr für die Jungen ist. In Wien jedenfalls wird es immer schwerer, Menschen ohne eines zu finden. Mobile Devices sind auch mindestens ein kleines Kapitel wert, da die LinkedIn-Mobile-App (auch für die meisten Tablets) für mich nach der mobilen Version von Google+ die besten Nutzungsvarianten bietet.

Bei der mobilen Nutzung kommt es darauf an, wie gut und intuitiv Inhalte auf reduziertem Raum überblickt und bearbeitet werden können. Bei LinkedIn sind – visuell und technisch sehr gut umgesetzt – die wesentlichen Elemente inkl. vieler Bearbeitungsoptionen am mobilen Gerät verwendbar. Wie gesagt, bewerben mal so eben zwischen Tür und Angel ist derzeit schwer möglich und macht wahrscheinlich für Ihre Ziele wenig Sinn.

4 ❖ Ist der Weg das Ziel, oder was ist eine Strategie?

Bereiche des mobilen Interface:
- ▶ Startseite (Reihenfolge des derzeitigen Standardaufbaus)
  - Links oben: LinkedIn-Menü – Suche ... – Nachricht veröffentlichen
  - max. 10 Personen (Profilbilder) mit neuen Kontakten
  - Aktionsfläche: Updates von Kontakten – Gruppen – Unternehmen

Abbildung 4.7: *Die mobile Startseite*

- ▶ Das LinkedIn-Menü (LinkedInlogo) beinhaltet:
  - Nachrichten und Benachrichtigungen über z. B. Interaktionen
  - Ihre Gruppen und Unternehmen

4.4 Mobile Revolution im Business-Netzwerk

– gespeicherte Stellenanzeigen
– Ihre eigenen Aktivitäten
– Kontakte, News und favorisierte Gruppen
– Profilbesucheransichten
– als letzten Punkt können Sie Bereiche hinzufügen

Zum Bearbeiten halten Sie die Bereiche ein paar Sekunden markiert.

▶ **Kennen Sie ...?** Bitte wegen Standardtexten Kontaktanfragen hier nicht nutzen!

▶ Stellenanzeigen sind im Vorkapitel besprochen

Welche Nutzung am mobilen Gerät ist wirklich sinnvoll?

1. **Updates** und **News lesen**, **Liken**, **Kommentieren** und **Teilen**

Abbildung 4.8:
Benachrichtigungen

Abbildung 4.9:
Netzwerkmeldung

4 ❖ Ist der Weg das Ziel, oder was ist eine Strategie?

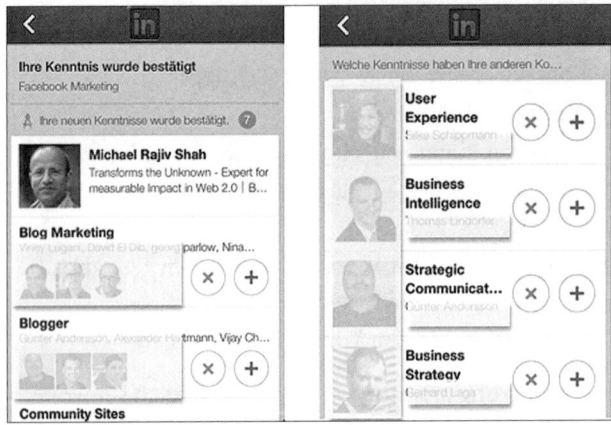

Abbildung 4.10: *Mobile Bestätigung von Kenntnissen*

2. **Endorsements geben** ist auch eine geeignete Sache für die mobile Nutzung. Sie kommen übrigens über zwei Wege mobil zum Bestätigen von Fähigkeiten: (a) über einzelne Profile, (b) über erhaltene Bestätigungen, (c) indem Sie das Fähnchen in der Menüleiste berühren und die letzte erhaltene Bestätigung anklicken.

3. **Alles andere ist wenig sinnvoll.** Meiner Meinung nach ist die Browserlösung der Plattform für eine Vielzahl der Anwendungsfälle immer die erste Wahl. Tun Sie alles, was nicht dringlich ist, über den Browser. Probieren Sie es aus, es ist sinnlos, sich an dieser Stelle über technische Details auszulassen, die in wenigen Monaten neue Möglichkeiten hinzubekommen werden.

4.5 Akquisition von Kontakten mit LinkedIn

Ich hoffe, dass Sie zu denen gehören, die ihre Karriere mittels LinkedIn aktiv in die Hand nehmen. Dazu gehört es natürlich auch, proaktiv mit infrage kommenden Unternehmen(-svertretern) zu kommunizieren.

Dazu noch mal ein Rückblick auf die Suche. Mal angenommen, Sie hätten z. B. über die Jobsuche ein Unternehmen Ihrer Wahl gefunden, in dem ehemalige Kollegen oder Freunde tätig sind, oder über eine Stellenausschreibung einen Recruiter mit häufig auf Sie passenden Stellen gefunden, dann kommt die aktive Kommunikation mit noch unbekannten Personen ins Spiel.

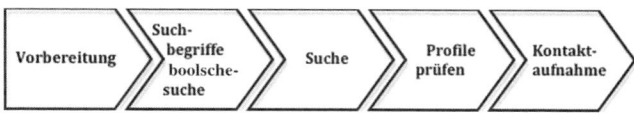

Abbildung 4.11: *Schritte der Kontaktakquisition*

Fall A: Sie kennen jemanden im Unternehmen. Wie Sie in Kapitel 4.3.2 sehen konnten, haben Sie die Wahl zwischen einer Einstellung von Kontakten ersten, zweiten und dritten Grades bei stellenvergebenden Unternehmen, Unternehmensseiten, Personen und Gruppen. Bei Kontakten ersten Grades, die Sie ja kennen, ist es ein Leichtes. Sie werden sich sicher einen für Sie natürlichen Weg einfallen lassen, wie Ihr Kontakt Sie in seinem Unternehmen empfehlen kann.

4 ❖ Ist der Weg das Ziel, oder was ist eine Strategie?

Beim zweiten und dritten Grad sind die Personen fremd und Sie können sich überlegen, wen Sie kontaktieren und wie Sie die Person direkt ansprechen. Hier macht sich die Jobseeker- oder normale Premium-Mitgliedschaft bezahlt. Der richtige Weg, mit Fremden zu kommunizieren, ist natürlich eine InMail oder eine Vorstellung durch Dritte. Kalte Kontaktangebote verstoßen gegen die Policy auf LinkedIn: *http://linkd.in/contact_policy*

Fall B: Sie kennen niemanden im Unternehmen. Jetzt geht nur der direkte, ehrliche, persönliche Weg per InMail. LinkedIn gibt eine Beantwortungsgarantie für InMails, sodass Ihnen jede einzelne InMail bei Nichtbeantwortung binnen einer Woche refundiert wird.

Elemente, die eine direkte Ansprache beinhalten sollte:

1. persönliche Anrede
2. Wertschätzung (Bezug auf Profil und/oder Stelle)
3. Grund dieser Ansprache
4. Bitte um Feedback
5. Kontaktangebot per Mitteilung der hinterlegten Mailadresse
6. Kontaktdaten für eine Kommunikation außerhalb von LinkedIn

Das Interessante an einer solchen direkten Kontaktaufnahme ist, dass (anders als für viele Freiberufler und Vertriebler, die auf Kundensuche sind,) der Bedarfsimpuls über eine Jobanzeige kam und somit außer Frage steht, ob bei Ihrem Gegenüber Bedarf besteht.

4.5 Akquisition von Kontakten mit LinkedIn

Exkurs

Warum Social-Business-Networking lediglich eine Episode im Akquisitionprozess ist und warum Sie dies unbedingt in der Art Ihrer Ansprache berücksichtigen müssen:

Die meisten Menschen sind nicht in sozialen Netzwerken, weil sie von ihren Kontakten etwas zu kaufen wünschen. Sobald Sie auf Personen stoßen, die in ihrem Profil keinerlei Signal haben, dass sie etwas haben möchten, das Sie zu bieten hätten, und Sie sich darüber hinwegsetzen, handeln Sie sich mit sehr hoher Wahrscheinlichkeit ein NEIN ein, weil kein Bedarf besteht.

In allen diesen Fällen ist es natürlich trotzdem sinnvoll, eine Verbindung aufzubauen, sofern das Profil Ihres Wunschkontaktes aus heutiger Sicht in die Richtung führt, in die Sie zu gehen beabsichtigen. Hier gilt es, Networking und alle in Kapitel 4 aufgezeigten Ebenen Ihres Netzwerkraums zuallererst dazu zu nutzen, sich im Hinterkopf Ihres Gegenübers zu verankern, damit dieser sich im Bedarfsfall (auch durch „zufällige" Erinnerungen an Sie durch Updates, Blogbeiträge, Geburtstagsmeldungen) an Sie und das Bild Ihrer Marke erinnert.

4 ❖ Ist der Weg das Ziel, oder was ist eine Strategie?

Hinweis

Ihre Take-aways:

- ▶ Ihre Strategie bestimmt die Ergebnisse, die Sie aus den von Ihnen gegebenen Ressourcen herausholen können.
- ▶ Je langfristiger Sie Ihre Strategie ausrichten, desto häufiger müssen Sie sich Zeitmarken setzen, an denen Sie das Erreichte überprüfen und Ihre Strategie mit neuen Erkenntnissen bereichern.
- ▶ Die Technik verändert sich sehr schnell, daher kann es durchaus sein, dass die in Kapitel 4 besprochen Werkzeuge sich schon wieder weiterverändert haben. Mit einer Strategie wird Sie das nicht aus der Bahn werfen.
- ▶ Die wichtigsten Menschen, die Sie kennenlernen können, „schlummern" schon heute als reale Verbindung in Ihren direkten Kontakten.
- ▶ Als reine Visitenkarten oder Kontakttrophäen sind diese Kontakte zu wertvoll. Lernen Sie Menschen real kennen.
- ▶ Nutzen Sie ein strategisches Gebilde wie die Bedürfnispyramide, damit Sie immer wissen, wo Sie gerade jetzt stehen.

5

Systematisch Fachleute fragen

„Na, Bumm!", sagen die Österreicher manchmal, wenn sie über etwas besonders erstaunt sind. Ich sage es, weil ich erstaunt bin, dass wir schon am Ende des Buches sind. Es gäbe noch tagelang spezielle Fragen zu beantworten. Insbesondere spezielle Karrierefragen.

Aus diesem Grund habe ich einigen Spezialisten aus dem Umfeld Karriereberatung, Personal Branding, Millenials, Recruiting und Weiterbildung eine Aufgabe gestellt, die da lautete:

„Erläutern Sie 3–5 Aspekte, die Sie aus Ihrer Expertise heraus als wichtig für die Karriereentwicklung mit LinkedIn beurteilen."

5 ❖ Systematisch Fachleute fragen

Lesen Sie in diesem Kapitel die Tipps der Experten. Außerdem möchte ich Ihnen einen von Christian Gemmato verfassten Arbeitsleitfaden für die Entwicklung Ihrer Personenmarke, sozusagen als Bonustrack, mit auf den Weg geben: *http://bit.ly/Bonustrack-Personal-Branding*. Außerdem finden Sie unter *http://bit.ly/Karrierebeschleunigung-LinkedIn-News* einen Beitrag von Svenja Hofert sowie Bildmaterial zum Buch.

Mir bleibt zum Abschluss dieses Buches zu sagen: Es waren tolle 100 Stunden, in denen ich Ihnen mein Wissen, meine Ideen und Erfahrungen aus professionellem Business-Networking für Ihre LinkedIn-Karriereleiter zusammentragen konnte. Schreiben Sie mich an, wenn Sie Fragen haben: *Buch@networkfinder.org*

Wenn es Ihnen gefallen hat und Sie das Buch für empfehlenswert halten, dann freue ich mich auf Ihre Rezension *http://bit.ly/LinkedIn_Unternehmensprofil* oder über sonstige Referenz.

Ihr

Michael Rajiv Shah

LinkedIn – Grundlage eines qualitativen Netzwerks

In der Welt der Businessnetzwerke spielt LinkedIn international die erste Geige. Im deutschsprachigen Raum ist das zwar noch nicht der Fall, doch durch das starke LinkedIn-Wachstum nimmt die Bedeutung von XING in diesem Bereich nach und nach ab. Karrieresuchende sollten sich bei der Nutzung von LinkedIn für ihre Karrierepläne vor allem an ein Grundprinzip halten:

Kommunizieren Sie mit Mehrwert und auf der persönlichen Ebene.

Viel zu oft wird LinkedIn als Verkaufsplattform oder als Netzwerk für Kontaktsammlungen missbraucht. Solche Strategien schaden nicht nur der eigenen Reputation, sondern auch dem Netzwerk an sich. Neben der menschlichen und auf Mehrwert – für beide Seiten (!) – fokussierten Kommunikation sollten Karrieresuchende auch die folgenden vier Punkte berücksichtigen:

1. Werden Sie nur in Gruppen aktiv, die wirklich zu Ihnen passen und Sie interessieren. Die Mitgliedschaft in Dutzenden Gruppen mag sich im Profil gut machen, doch Nutzen werden Sie dann aus keiner einzigen ziehen. Das ist weder sinnvoll noch zielführend.
2. Füllen Sie Ihr Profil vollständig aus. Eigentlich sollte dieser Punkt überflüssig sein. Ein Blick in das Netzwerk zeigt jedoch, dass dem leider nicht so ist.
3. Lassen Sie Ihre Persönlichkeit einfließen. Neben der persönlichen und auf Mehrwert fokussierten Kommunikation ist dieser Punkt möglicherweise der wichtigste von allen.

5 ❖ Systematisch Fachleute fragen

Präsentieren Sie in Ihrem Profil nicht nur Ihre fachlichen Fähigkeiten und Kompetenzen, sondern auch Ihre Persönlichkeit. Diese ist für viele Unternehmen mindestens ebenso wichtig, oft sogar entscheidend.

4. Wählen Sie Ihre Kontaktpartner mit Bedacht. Dieser Punkt ergibt sich mehr oder weniger aus dem eingangs genannten Grundsatz. Achten Sie bewusst darauf, mit wem Sie sich vernetzen und dass diese Personen zu Ihnen und Ihrer Reputation passen.

Über den Autor:
Christian Müller begleitet als Coach, Trainer und Kommunikationsberater Personen und Unternehmen in den (sozialen) Netzwerken. Mit seinem Konzept der Lebenskarriere unterstützt er Karrieresuchende dabei, den richtigen – beruflichen wie privaten – Weg zu finden und ihre individuellen Stärken und Leidenschaften zu entwickeln.

LinkedIn – das lernende Online-Tool zur Karriereentwicklung

LinkedIn ist meiner Meinung nach ein ideales Online-Tool für die Karriereentwicklung, nicht nur für den internationalen oder englischsprachigen Markt. Warum das so ist? Hier in ein paar Stichpunkten zusammengefasst:

▶ LinkedIn-Profile sind, ähnlich wie XING-Profile, sehr gut bei Google platziert. Eine Suche nach dem eigenen Namen wird zwangsläufig eines der Business-Netzwerk-Profile zutage führen (außer man hat sehr viele Namensvetter oder einen Namensvetter, der die Online-Szene dominiert). Hier können Karriereinteressierte punkten, wenn sie ihr Profil zum einen für Suchmaschinen zugänglich machen und zum anderen mit relevanten Informationen und Stichworten zur beruflichen Laufbahn, zu Kompetenzen und anderen wichtigen Aktivitäten anreichern.

▶ LinkedIn hat eine starke Technologie in seiner Plattform, die täglich weiterentwickelt wird. Eine „Horde" an Programmierern treibt die Technologie immer weiter voran. Wie mir seitens LinkedIn mitgeteilt wurde, ist der hinter der Plattform liegende Algorithmus lernfähig, sodass dem Nutzer Inhalte angezeigt werden, die in enger Relation zu seinen Interessen und Netzwerk-Aktivitäten stehen.

▶ Sehr sinnvoll sind auf LinkedIn die sogenannten „Endorsements" (engl. Befürwortung, Bekräftigung) aus dem eigenen Netzwerk: Kontakte bekräftigen bestimmte Fähigkeiten und Kompetenzen des Mitglieds per Knopfdruck. Dies zeigt Profilbesuchern sehr schnell an, in welchem Bereich der Kandidat / die Kandidatin die beste Expertise besitzt – zumindest in den Augen seines oder ihres Netzwerks. Das Gute an Endorsements ist, dass Profilbesucher lediglich einen Knopf betätigen müssen – ein Empfehlungsschreiben bzw. eine Referenz („recommendation") nimmt wesentlich mehr Zeit in Anspruch, wird dementsprechend von Recruitern aber auch höher bewertet. Daher sollten sich Karriereorientierte stets um positive Referenzbekundungen bemühen.

▶ Nicht zu vergessen: Die LinkedIn-Profileinstiegsseite mit der Zusammenfassung des Werdegangs oder ganz einfach einigen Informationen zur eigenen Person. Dieser Platz kann und muss sinnvoll genutzt werden und Lust machen, den Rest des Profils näher anzusehen.

▶ Die Verlinkungen zu weiteren, eventuellen Online-Präsenzen oder Publikationen gehören ebenfalls zu einem guten Profil.

▶ Schließlich sollten sich Nutzer, die an der Weiterentwicklung ihrer Karriere interessiert sind, in den für ihre Branche relevanten Gruppen aktiv einbringen. Hier können sie ihr Wissen unter Beweis stellen, und viele Recruiter besuchen gezielt solche Gruppen, um Wissensträger zu identifizieren. Ist der Kandidat an einem oder mehreren bestimmten Unternehmen interessiert, empfiehlt es sich darüber hinaus, die jeweiligen Firmenpräsenzen in LinkedIn zu abonnieren. Möglicherweise gibt es über den direkten Kontakt eines Kontaktes Zugang zu genau diesen Firmen. Sprechen Sie diese Menschen an und informieren Sie sich über offene Stellen, Firmenkultur, Benefits etc.

Viel Erfolg!

Über die Autorin:
Eva Zils ist seit neun Jahren in der Branche der internationalen Online-Recruiting-Beratung tätig. Nach ihrem Studienabschluss in französischer und englischer Sprach- und Literaturwissenschaft arbeitet sie im Marketing und in der Kundenberatung in internationalen HR-Kommunikationsagenturen in Lyon und Straßburg.

2007 startet sie ihr Blog *www.online-recruiting.net,* der inzwischen zu den führenden und meistgelesenen Informationsquellen für Recruiter und Personaler zählt. Darin kommentiert und beschreibt sie die internationalen Trends des Online-Recruiting mit Fokussierung auf Jobbörsen und Social-Media. Daraus entsteht 2012 ihr gleichnamiges Beratungsunternehmen.

Ihre internationale Themen-Expertise stellt Zils regelmäßig in Studien, Gastartikeln und Interviews in Fachmagazinen wie beispielsweise OnRec Magazine, Ingenieurkarriere, Personalmagazin oder der WUV unter Beweis. Darüber hinaus referiert sie in drei Sprachen (englisch, deutsch, französisch) auf HR-Messen und -Events in verschiedenen Ländern.

Heute lebt Eva Zils in Straßburg. In ihrer Freizeit reist und radelt sie gerne, wo sie an der frischen Luft Kraft auftankt. In ruhigeren Momenten begeistert sie sich für englischsprachige Kriminalromane, französische Humorsendungen und Musik.
http://www.online-recruiting.net, http://www.socialmedia-recruiting.com, http://www.linkedin.com/in/evazils/de

5 ❖ Systematisch Fachleute fragen

LinkedIn – Netzwerk für die strategische Bewerbung

XING oder LinkedIn – die Diskussion ist fast so alt wie die beiden Businessnetzwerke an sich. Bewerber stehen nicht nur vor der Frage, welches der beiden Netzwerke sie nutzen sollen (idealerweise beide!), sondern müssen sich auch in die Eigenheiten des jeweiligen Netzwerks einarbeiten. Wer LinkedIn sinnvoll nutzen will, sollte vor allem darauf achten, dort strategisch zu netzwerken.

Kontaktsammler, die massenweise unbegründete Anfragen stellen, sind dort nicht gern gesehen. Es hilft im Übrigen auch nicht. Bewerber erreichen mit dieser Strategie nur einen Effekt: Sie ruinieren ihre Reputation und verbauen sich wichtige Kontaktchancen und -wege. Entscheidend ist, solche Menschen anzusprechen, mit denen man tatsächlich etwas verbindet.

Vorher unbedingt recherchieren!

Vor der Kontaktaufnahme sollten sich Bewerber genau über den potenziellen Kontaktpartner informieren und dessen Aktivitäten einige Zeit beobachten. Bei der Recherche können sich Bewerber an den folgenden Fragen orientieren:

- Arbeitet der Kontakt bei einem für meine Karriere relevanten Unternehmen?
- Welche Themen teilt er?
- In welchen Gruppen ist er aktiv?
- Gibt es thematische Schnittmengen?
- In welchen Netzwerken ist er noch vertreten?

Darauf aufbauend können sich Bewerber dem gewünschten Kontakt dann Schritt für Schritt nähern. Dazu können Sie sich beispielsweise in den gleichen Gruppen engagieren, Updates und Statusmeldungen mit sinnvollen (!) Kommentaren versehen und dessen Beiträge mit den eigenen Kontakten teilen.

In den meisten Fällen erregen Bewerber bereits so genügend Aufmerksamkeit und Interesse und sorgen so dafür, dass ihr Name nach und nach bei der Zielperson bekannt wird, und sie selbst von ihm angesprochen werden.

Überzeugende Selbstdarstellung

Die skizzierte Strategie führt jedoch nur dann zum Erfolg, wenn der Bewerber die notwendigen Grundlagen geschaffen hat. Dazu gehört in erster Linie ein vollständig ausgefülltes Profil mit einem ansprechenden und authentischen Bild. Das ist das absolute Minimum.

Danach zählt vor allem die Selbstdarstellung in der Beschreibung und durch die eingetragenen Fähigkeiten, die sowohl die Persönlichkeit als auch die fachlichen Kompetenzen des Bewerbers abbilden und unterstreichen sollten.

5 ❖ Systematisch Fachleute fragen

Über den Autor:
Jochen Mai zählt seit Jahren zu den einflussreichen Namen des Social-Webs. Seine Karriere begann der 44-jährige Diplom-Volkswirt bei der WirtschaftsWoche, wo er mehr als zehn Jahre lang das Ressort „Management + Erfolg" leitete und zum Schluss als Social Media Manager fungierte. Ende 2011 wechselte er als Social Media Manager zur Yello Strom GmbH, wo er sämtliche Social-Media-Aktivitäten des Stromanbieters aufbaute und verantwortet. Zu seinen Aufgaben gehört neben dem strategischen Ausbau der Social-Media-Kanäle (u.a. Facebook, Twitter, Bloghaus) die Konzeption und Steuerung diverser Social-Marketing-Strategien sowie die Leitung der 4-köpfigen Redaktion. Das „Yello Bloghaus" zählt inzwischen zu den besten Corporate Blogs Deutschlands. Bekannt wurde Jochen Mai vor allem als Gründer und Chefredakteur der Karrierebibel *(http://karrierebibel.de/)*, einem der deutschen Top-Blogs, sowie als Autor diverser Bestseller zu den Themen „Karriere", „Büro" und „Psychologie". Mai ist heute Dozent an der Fachhochschule Köln, regelmäßiger Kolumnist (u.a. für „Die Welt") und gefragter Keynote-Speaker für die Themen Social Media, Medien, Online-Reputation und Human Ressources.

Acht Tipps der Talentfinderin Barbara Braehmer

1. Unehrlichkeit lohnt sich nicht. Recruiter durchsuchen bei einer Vakanz auch LinkedIn nach Kandidaten. Sie betrachten dabei das Profil wie einen Lebenslauf und sind geübt, Fehler wie Lücken in der Abfolge oder Ungereimtheiten schnell zu erkennen.
2. Ihr LinkedIn-Profil ist eine Online-Version Ihres Lebenslaufs. Es sollte die gleichen Informationen wie Ihr Lebenslauf enthalten zum Beispiel Beschäftigung, einschließlich Ihrer Qualifikationen, Ihre Erfahrung und Ihre Fähigkeiten. Sie können also mehrere Social-Media-Profile haben, aber Sie sollten auf nur eine Identität achten.
3. Da die Recruiter die jeweiligen Suchmaschinen zum Finden von Kandidaten einsetzen, ist es für Sie von Vorteil, darauf Acht zu geben, dass Sie die richtigen und zur Zielfunktion passenden Keywörter in Ihrem Profil einfügen und Abkürzungen, ungewöhnliche Schreibweisen oder unbekannte Fachbegriffe vermeiden.
4. Ihr Profil wird von Personalern auch als eine Arbeitsprobe angesehen, sodass Unvollständigkeiten, Unachtsamkeiten

oder epische Längen nicht vorteilhaft sind. Füllen Sie es gewissenhaft aus und machen Sie sich Gedanken über die professionelle Darstellungsform.

5. LinkedIn bietet viele Job-Angebote. Sie können den Job in LinkedIn suchen und sich direkt auf die offene Stelle via LinkedIn bewerben. Teilweise werden offene Stellen auch von Personalsuchenden nur in Gruppen geteilt.
6. Achten Sie bei der Kontaktaufnahme auf die richtige Etikette. Versenden Sie keine LinkedIn-Nachrichten und Einladungen in Ihr Kontaktnetzwerk ohne eine höfliche Anfrage.
7. Ideal ist, wenn Sie Ihr Netzwerk so aufbauen, dass Sie gute Empfehlungen erhalten. LinkedIn bietet in der Profildarstellung die Möglichkeit, sich einerseits durch Empfehlungen positiv hervorzuheben, andererseits auch durch Referenzen.
8. Ihr aktueller Arbeitgeber und Ihre Kollegen müssen nicht unbedingt wissen, was Sie in LinkedIn tun, besonders wenn Sie auf der Suche nach einem Arbeitsplatz sind. Meine Empfehlung ist deshalb, unter Datenschutz & Einstellungen Ihre Aktualisierungen während der Suche auszuschalten.

Über die Autorin:
Barbara Braehmer ist Talentfinderin, Expertin im Finden und Gewinnen talentierter Mitarbeiter und Social Recruiting Coach. Nach einem BWL-Studium in Deutschland und Großbritannien, langjähriger Erfahrung als Personalmanagerin in der Industrie und als Partnerin in zwei Personalberatungen gründete sie 2005 die Intercessio Personalberatung GmbH. Intercessio unterstützt, berät und trainiert Unternehmen bei der Integration von Social Media in ihre Recruiting-Prozesse.

LinkedIn für Karriereeinsteiger und YoungProfessionals

Vorab sollte man wissen, dass sich BFFT in der Automotive-Branche bewegt. Das bedeutet, dass wir hauptsächlich nach Bewerbern mit einem sehr technischen Hintergrund (Ingenieure in den Bereichen Fahrzeugtechnik, Elektrotechniker, Maschinenbau etc.) suchen.

Grundsätzlich gilt für uns:

Die Präsentation des Lebenslaufs, auch auf einer Online-Plattform, sollte immer professionell und mit einem gewissen Ziel verfolgt werden. Professionell bedeutet für uns: Foto je nach Job angemessen und vom Profi (Hochzeits- oder Partyfotos sind tabu), wenn möglich, lückenloser Werdegang, Hobbys und Kontaktdaten angeben. Das sind die Grundvoraussetzungen, um ein Interesse beim Recruiter zu wecken.

Unsere Tipps:

1. **Vorbereitung:** Die Plattformen und die Suche auf diesen läuft hauptsächlich über Keywords/Schlagworte ab. Deshalb sollte ich mich als Bewerber fragen, was sind meine Keywords? Mit welchen Tools habe ich gearbeitet? Welche Soft- und Hardskills beherrsche ich? Dabei auch etwaige un-

terschiedliche Bezeichnungen beachten. Tipp: Stellenanzeigen vom gewünschten Job nach Keywords durchsuchen und notfalls Wikipedia nutzen, um Keywords zu zerlegen.

2. **Mobilität:** Auf LinkedIn sollte jedem klar sein, dass es sich (noch) um eine überwiegend englischsprachige Plattform handelt. Das heißt, stelle ich meine Daten/Keywords auch auf Englisch zur Verfügung? Bin ich überhaupt international mobil?

3. **Profilaufbau:** Der Aufbau des Profils sollte einen roten Faden haben und genau wie ein Lebenslauf/CV strukturiert sein. Die letzten beruflichen Stationen sollten mit genauen Tätigkeiten/Verantwortlichkeiten unterstrichen werden (Link zu Keywords).

4. **Über-mich:** Im LinkedIn-Über-mich-Bereich sind für uns drei Dinge entscheidend. Es sollte bei aktiv Suchenden hervorgehen, dass Sie eine neue Herausforderung suchen („Ich bin auf der Suche nach einer neuen Herausforderung ..."). LinkedIn bietet zudem die Möglichkeit, seinen Lebenslauf/CV als PDF zur Verfügung zu stellen – das ist ein Plus für jeden Recruiter. Zuletzt sollten die Kontaktdaten (minimum E-Mail-Adresse) in diesem Bereich hinterlegt werden.

5. **Wer bin ich:** Für jeden Recruiter ist es interessant, wer die Person hinter dem Profil ist. Deshalb, pflegen Sie Ihr Profil mit Hobbys, Vereinen, Interessen etc. Diese Fakten sind für die Unternehmen bzgl. Ihrer sozialen Kompetenzen interessant und bieten immer einen guten Einstieg in ein erstes Gespräch.

6. **Empfehlungen:** Empfehlungen und Referenzen haben in den USA und einigen weiteren Ländern eine wichtige Bedeutung. Sollten Sie eine Karriere diesen Ländern anstreben, sind Empfehlungen sinnvoll. In Deutschland spielt dies überwiegend noch keine große Rolle.
7. **Gruppen:** Treten Sie in (für Sie interessante) Fach- und/oder Alumni-Gruppen ein. In diesen Gruppen sind viele Recruiter unterwegs. Einige Gruppen bieten es an, sich selbst vorzustellen, Stellengesuche oder Stellenanzeigen zu veröffentlichen.
8. **Weitere Netzwerke:** Für viele Nutzer macht es Sinn, weitere Netzwerke zu hinterlegen. (About.me, Twitter, eigenes Blog etc.) Diese geben uns Recruitern einen guten Überblick und zeigen einen gewissen roten Faden.

Das Wichtigste in acht Punkten

1. Legen Sie spätestens sechs Monate vor Beginn der Jobsuche ein LinkedIn-Profil unter Ihrem Echt-Namen an und beginnen Sie, Ihr Netzwerk aufzubauen.
2. Wenn Sie einen Job im nicht-deutschsprachigen Ausland suchen, erstellen Sie Profil und CV in Englisch oder der

entsprechenden Landessprache. Fügen Sie unbedingt einen Sprachenpass bei *(www.europass.at).*

3. Sprechen Sie die richtigen Leute an: Personalverantwortliche, Brancheninsider, Führungskräfte aus Ihren Wunschbetrieben und treten Sie passenden Gruppen bei.
4. Erklären Sie detailliert, welchen Job Sie wo und ab wann suchen. Je präziser Sie sind, umso höher ist die Qualität der Informationen, die Sie bekommen.
5. Legen Sie sich eine einprägsame, professionelle Kurz-URL zu und erstellen Sie, z. B. mit *www.aboutme.com,* eine Online-Visitenkarte, die Sie mit LinkedIn verknüpfen. Auch grafische Darstellungen Ihres Lebens schaffen Aufmerksamkeit, z. B. mit *www.piktochart.com*.
6. Wenn Sie auch auf anderen Plattformen aktiv sind, darf es keine inhaltlichen Widersprüche zu Ihrem LinkedIn-Profil geben. Verwenden Sie auch immer dieselben Profilfotos (Business-Style!).
7. Beteiligen Sie sich an Diskussionen, in denen Sie Ihre Expertise darstellen können, produzieren Sie klugen Inhalt, führen sie Blogs, twittern Sie zu fachspezifischen Themen und verknüpfen Sie alles mit LinkedIn.
8. Pflegen Sie Ihr Online-Image sorgfältig und bauen Sie sich als Marke auf. Dazu gehört, dass Sie strikt zwischen Karriereprofil und privater Online-Präsenz trennen. Seien Sie aber auch auf privaten Seiten vorsichtig und hüten Sie sich vor kompromittierenden Inhalten.

Über die Autorin:
Elfriede Gerdenits, Unternehmensberaterin, Karriere- und HR-Spezialistin seit 25 Jahren, Buchautorin – *www.gerdenits.at*

3 Karrieretipps für ein erfolgreiches Auftreten in LinkedIn

1. Betrachten Sie Business-Netzwerke als Möglichkeit, Ihr Erscheinungsbild online umfangreich – aber natürlich bitte immer authentisch – darzustellen. Sie können sich mit LinkedIn über die klassischen Unterlagen eines Motivationsschreibens oder CVs hinaus präsentieren – am besten ergänzend zu Ihren Bewerbungsunterlagen. Vermeiden Sie die leider viel zu üblichen Standard-Aufzählungen bei der Beschreibung Ihrer Persönlichkeit wie teamfähig, motiviert, offen, ehrlich, kreativ, analytisches Denken, ... – der Rekord liegt bei 17 Beschreibungen.
2. Weisen Sie auf Ihre beruflichen Aktivitäten hin, die Sie regelmäßig aktualisieren. Gestalten Sie Ihr LinkedIn-Profil so spannend, dass kein Arbeitgeber, der nach Ihnen googelt, dadurch nur auf unpassende und unnötige Informationen

stoßen könnte. Es liegt an Ihnen, selbst zu bestimmen, dem „Background-Checking" einen Riegel vorzuschieben.

3. Beachten Sie das spezielle Bild-Format Ihres Fotos im Profil – ich empfehle Ihnen die Verwendung eines anderen Bildes als in Ihren schriftlichen Unterlagen. Zeigen Sie mit Ihrem LinkedIn-Profil aber auch den Menschen, der hinter einer Aufgabe oder der Bewerbung steht. Nutzen Sie die Möglichkeit, Fotos, die z. B. Ihr außeruniversitäres Engagement, ihre Hobbys, die in Zusammenhang mit Ihren Stärken oder Ihren Erfolgen oder Auszeichnungen stehen, zeigen, zu Ihrem Profil hinzuzufügen.

Über den Autor:

Aufgabe: HR Talent Attraction in der Allianz, 24 Jahre im Unternehmen – zu Beginn als Controller

Aufgabenschwerpunkte: Employer Branding, Schul- und Hochschulmarketing

Steckenpferd: Social Media, Page Owner der Allianz Karriere in Österreich auf Facebook

Wie LinkedIn Führungskräfte in Karrierefragen unterstützt

LinkedIn erzeugt ein Spannungsfeld zwischen den Absichten von Arbeitnehmern und Arbeitgebern. Während die Unternehmen auf LinkedIn neue Beschäftigte suchen, wollen sich die Mitarbeiter möglichst gut selbst im Internet präsentieren. Im Brennpunkt dieses Spannungsfelds stehen vor allem Geschäftsführer und Führungskräfte. Sie müssen sich die Frage stellen, wie sie attraktiv und authentisch auf dem Arbeitsmarkt präsent sein können, ohne gleichzeitig ihre Firma zu verraten.

Die Kunst der Selbstpräsentation auf LinkedIn besteht darin, neben dem Job ein berufliches Netzwerk aufzubauen, ohne genau zu wissen, wohin es einen führen wird. Wer jedoch sein Profil professionell gestaltet und betreut, kann sicher sein, dass schließlich die richtigen Menschen zu ihm stoßen werden.

Folgende Punkte sind gerade für Manager wichtig, damit sie durch LinkedIn beruflich vorankommen:

▶ **Stellen Sie keine Behauptungen auf – beweisen Sie!** Behauptungen sind gut, aber Beweise sind besser, weil sie glaubwürdiger sind. „Ich bin mit der chinesischen Kultur vertraut" ist eine schwache Behauptung. Die Formulierung „Ich habe zwei Jahre lang in Shanghai gearbeitet" lässt keinen Raum für Zweifel an dieser Kompetenz.

▶ **Arbeiten Sie eine klare Linie heraus!** Unternehmen und Personalberatern ist besonders wichtig, innerhalb kurzer Zeit zu erfassen, wofür Sie stehen. Achten Sie dabei nicht nur auf die Beschreibung Ihrer beruflichen Vergangenheit, sondern machen Sie klar, inwiefern Ihre Fähigkeiten und Erfahrungen in Ihre berufliche Zukunft weisen. Heben Sie in Ihrem Profil jene Kompetenzen hervor, die Sie besonders dazu qualifizieren, den nächsten beruflichen Schritt zu gehen.

▶ **Machen Sie sich als Mensch spannend!** Fachliche Kompetenzen können Unternehmen auf verschiedene Arten zukaufen. Beschäftigt wird hingegen der Mensch. Gestalten Sie Ihr Profil möglichst persönlich und unverwechselbar, indem Sie Ihre vielfältigen Fähigkeiten und Interessen andeuten. Dadurch signalisieren Sie: Was ich auf LinkedIn zeige, ist bei Weitem nicht alles. Da gibt es noch sehr viel mehr zu entdecken.

▶ **Führen Sie Ihre Besucher zur nächsten Handlung!** Geben Sie den Besuchern Ihres Profils Hinweise, was sie als Nächstes tun sollten. Ideal sind ein bis maximal drei Optionen. Geben Sie zumindest Ihre Kontaktdaten, also E-Mail-Adresse und Telefonnummer, bekannt. Alternativ können Sie auf Ihre eigene Homepage, Ihre Firmenhomepage, einen Zeitungsartikel oder eine andere Publikation verweisen. Stellen Sie sich die Frage, was ein Besucher von Ihnen jedenfalls noch kennen sollte, um sich einen besseren Eindruck von Ihnen zu verschaffen.

- **Präsentieren Sie sich wertvoll!** Denken Sie daran: Je wertvoller Sie sich darstellen, desto höher wird der Wert wahrgenommen, den andere Ihnen zuschreiben. Achten Sie vor allem auf ein professionelles Profilfoto sowie auf Qualität und Fehlerfreiheit der Texte. Bei aller Perfektion gilt jedoch: Nur das Authentische wird geliebt.

Über den Autor:

Conrad Pramböck ist Gehalts- und Karriereexperte. Er leitet bei der internationalen Personalberatung Pedersen & Partners den Geschäftsbereich Compensation Consulting und ist in dieser Funktion für die Beratung von Unternehmen in Gehaltsfragen weltweit verantwortlich. Privatpersonen berät der promovierte Jurist in Karrierefragen im Rahmen seines Sozialprojekts „Ein Kinderlachen verdienen", bei denen er die Spenden seiner Gesprächspartner verdoppelt und damit die „Rote Nasen Clowndoctors" unterstützt. In seiner Freizeit spielt er leidenschaftlich gern Klavier, joggt bei jedem Wetter und jongliert mit 3, 4 oder 5 Bällen.

Kontakt:

Dr. Conrad Pramböck, Head of Compensation Consulting bei Pedersen & Partners, Tel: +43 – 676 – 534 12 57, *cp@conradpramboeck.com, www.conradpramboeck.com*

5 ❖ Systematisch Fachleute fragen

Nicht wahllos Kontakte sammeln

Ja, ich bin in sozialen Netzwerken unterwegs, um Leute kennenzulernen. Aber nicht ohne Grund. Menschen, die mich a) ohne Nachricht, b) mit einer Copy/paste-Nachricht („Kontakte schaden nur dem, der sie nicht hat") oder c) mit einer irrelevanten Nachricht (kommt meistens von Vertrieblern) kontaktieren, erhalten keine Antwort.

Relevanz sicherstellen

Wenn Sie mich als Personaler kontaktieren: Bitte überlegen Sie vorher, ob Ihr Anliegen wirklich relevant ist. Viele Bewerber disqualifizieren sich bereits in diesem Stadium. Zu den Aufgaben eines Managers gehört es, aus dem Strom von Informationen Relevantes herauszufiltern und nutzbar zu machen. Wer schon durch seine Kontaktanfrage vermuten lässt, dass er das nicht kann/will, hinterlässt keinen (positiven) bleibenden Eindruck. Ich bin z. B. gerne bereit, mir Ihr Profil anzuschauen, um zu prüfen, ob es auf eine bestimmte Stelle in meinem Unternehmen passt. Aber nur, wenn Sie vorher sichergestellt haben, dass eine Passung zumindest halbwegs realistisch ist.

Wenn mich z. B. ein Young Professional nach einer Stelle fragt, in der klar ersichtlich mehrere Jahre Berufserfahrung gefordert sind, lösche ich kommentarlos.

Hausaufgaben selbst machen

Viele Anfragen an mich lauten sinngemäß: „Nimm mir meinen Job ab!" Ich kann Ihnen aber weder sagen, welche Aufgabe für Sie geeignet ist (oder umgekehrt), noch möchte ich es Ihnen abnehmen, unsere Datenbank nach interessanten Positionen zu durchsuchen. Wer noch vor dem offiziellen Einstieg in einen Bewerbungsprozess durch latente Faulheit und/oder mangelnde Inspiration bzw. Aspiration auffällt, sollte ebenfalls nicht mit Begeisterungsstürmen meinerseits rechnen.

Über den Autor:
Nico Rose ist Dipl.-Psychologe (WWU Münster) und wurde an der EBS Business School (Oestrich-Winkel) in BWL promoviert. Im Hauptberuf verantwortet er als Senior Director Corporate Management Development das Employer Branding der Bertelsmann-Gruppe. Seit 2008 arbeitet er zusätzlich als freiberuflicher Coach und Berater. Seit 2011 nimmt er verschiedene Lehraufträge an der ISM Dortmund wahr. Im Dezember 2012 erschien sein Buch „Lizenz zur Zufriedenheit – Positive Psychologie in der Praxis" bei Junfermann.

Stichwortverzeichnis

Symbole

3 P im Selbstmarketing 53, 59, 61
4 P im Marketing 52, 59

A

Adressbuchabgleich 86
Arbeitgeber 14, 36, 51, 52, 67, 88, 187, 189
Ausbildung 74, 76, 153
Auszeichnungen und Preise 74

B

Bekannte 125, 136, 137
bewerben 163
Bewerber 135
Bewerbungsfoto 67
Bewerbungsvorgang 159
Bilder 63
Bildgrößen 67
Blog 16, 24, 39, 50, 51, 77
Bookmarklet 110, 118
boolesche Suche 36, 157, 161
Buffer 119
Business-Networking 105

D

Dateien 63
Datenabgleich 89
Datenschutz 42, 86, 88, 89, 92, 132
direkte Ansprache 168
Diskussionen 116

E

ehrenamtliche Tätigkeiten 74
Einstellungen 97
Empfehlungen 71, 73, 74, 75, 126, 130
Employee Branding 9, 14
Endorsements 35, 74, 128, 129, 133
erwähnen 108
europass.at 186
Excel-Datei 89

❖ Stichwortverzeichnis

F
Facebook 20, 21, 45
Facettensuche 34, 155
familiäre Verbindungen 135
Followfunktion 37, 53, 57
Follownetzwerke 28, 37
Freiberufler 72
Freundesbeziehungen 136

G
Google 51, 78
Google Authorship 39
Google+ 38, 39, 45
Gründungsidee 18
Gruppen 20, 111, 114, 160
Gruppenspams 161
Gruppenzugehörigkeiten 97

H
Hootsuite 119
Human Resources 40, 155

I
InMail 42, 43, 93, 168

J
Jeff Weiner 21
Jobdescription 75
Jobseeker 42, 130
Jobseeker Premium 113

K
Karriereseiten 55, 57, 159
Kategorisierungen 93
Keywords 62, 63
Konstantin Guericke 19
Kontaktaufbau 93
Kontaktaufnahme 97
Kontaktdatei hochladen 89
Kontakte ausblenden 107
Kontakte hinzufügen 89
Kontakte zweiten Grades 18, 37, 42, 158, 167, 168
Kontaktkarte 99
Kontaktnetzwerke 28
Kontaktworkflow 92
Konteneinstellung 79
Kununu 29
Kurse 74

L
Lebenslauf 76, 91, 159, 162, 183, 184
LinkedIn-Historie 18
LinkedInsider 24

M
Maileinstellungen 98, 113
Mailings 86, 92
Marketing Account 85
markieren 108
mention 108

Menüstruktur 49
Mitgliederzahlen 32
Mitteilungen 107, 118, 119
mobil 46, 159, 163, 164, 165, 166

N
Nachrichtenstream 28, 37, 53, 67, 83, 86, 91, 103, 106, 110
Networking 12, 136
Notizfeld 93

O
öffentliches Profil 35, 77, 103
openBusinessClub 29
OpenLink-Netzwerk 95
Organisationen 74

P
Patente 74
Personal Brand 51
Personal Branding 39, 48, 59, 85, 126, 133, 135, 146, 148, 172
Personenmarke 46
piktochart.com 186
Pinterest 40
Postfach 161
Premium-Account 130

Premium-Mitgliedschaft 168
Privatsphäreneinstellungen 58, 60, 79
Produkte und Serviceleistungen 56, 123
Profilabschnitte 71, 73, 76, 78
Profilfoto 39, 68, 69, 82, 84, 186, 191
Profilslogan 69
Profilsprache 60, 66
Profilveränderungen 60
Profilvisitenkarte 69
Projekte 74

R
Recherche 124, 136, 151, 160, 178
Recommendations 35, 127, 130
Recruiter 34, 42, 46, 58, 159, 167, 177, 184
Recruitinglösungen 21, 31, 34
Referenzen 35, 125, 130, 132, 182
Reid Hoffman 19
Reminder 86

Stichwortverzeichnis

S
Schlüsselwörter 62, 63, 129
Selbstständige 14, 29, 72
Slideshare 63, 66, 74, 83
Smartphones 163
Sprachen 60, 74, 76
Stanley Milgram 15
Statusupdates 37, 106
Stellenmarkt 116
Stephan Koß 24
Suche 114
Suchmaschinenmarketing 51
Synchronisation 86

T
Tablets 163
Tagging 92, 94
Taggings 86, 93, 94, 99
Textliste (.txt) 89
Timeline – siehe Nachrichtenstream
Twitter 38, 119, 45

U
Universitäten 23, 53, 74
Unternehmensprofile 51, 120, 122, 123, 135
Unternehmensprofilsuche 160

V
Verbindungen 37
Verbindungspfade 34
Veröffentlichungen 74
Videos 54, 63
vorstellen 93

W
Webseite 50, 51
Werbung 116
Workflow 86

X
XING 41, 46, 53

Z
Zielkonflikt 52

Ihre Notizen